Dónde obtener este manual:

www.ace5handbook.com
www.etcontacthub.com
www.amazon.com

Copyright © 2020

Dedicado a nuestros hijos e hijas y a todos los niños del mundo.

Agradecimientos:
Muchas gracias a nuestra traductora Daniela González Colmenares y a nuestro editor Edwin Correa Arce por ofrecerse como voluntarios para traducir este documento del inglés al español. Nos sentimos profundamente honrados y agradecidos de que nuestra misión de unidad, a través de la diversidad global, se manifieste a través de sus dedicados esfuerzos.

TABLA DE CONTENIDO

Primera parte: Introducción a CE-5

¿Qué es un 'CE-5'?... 6
Bienvenida.. 7
Historia de CE-5... 8
Nuestra historia de Calgary CE-5 10
Elementos clave... 11
   1. Conexión con la Mente-Unificada............ 11
   2. Un corazón sincero.................................. 12
   3. Intención clara... 13
Otros elementos útiles.................................... 14
   Buena vibra.. 14
   Coherencia y cohesión grupales.................. 18
   Creer = ver.. 22

Segunda parte: Al grano/cómo hacerlo/manos a la obra

Reuniéndote con otros.................................... 26
Dónde encontrar gente.................................... 27
Retiros.. 28
Manejando un grupo....................................... 29
Escogiendo una locación................................ 30
Tu primer CE-5... 32
Orientación... 34
Manteniendo un registro................................. 37
Equipo.. 38
   No uses un puntero láser............................. 40
   Apps... 42
   Equipo con el que puedes recibir comunicación 44
   Dispositivos para registrar avistamientos 46
   Fotografías.. 48
Comunicación interna.................................... 50
Comunicación externa................................... 52
Meditaciones.. 58
   Visión de un nuevo mundo.......................... 62
   Iniciativa global CE-5................................. 64
   Uno Universal 65

Meditaciones
   Cada momento es una meditación....................... 66
   Edad de oro... 67
   Conoce a un Ser... 68
   Rápida y sucia.. 70
   Consejo Interplanetario.. 72
   Energía resonante... 74
   Limpiezas.. 76
      Limpieza de chakras.. 76
      Curación de influencias negativas/limpieza....77
      Limpieza de respiración de energía de la Tierra 78
      Anclaje y energía cósmica............................... 80
      Anclaje a la Tierra mientras estás acostado 84
Visión remota...86
Comunicación bio-electromagnética.......................88
Música y sonido... 90
   Pujas... 92
   Entonando y tarareando................................... 94
   Otras asuntos de sonido................................... 95
Ejemplos de agendas CE-5..................................... 96
Solución de problemas 100
Un avistamiento en seis salidas............................ 103

Tercera parte: Opinión editorial / Cosas similares a un apéndice

Banderas falsas 106
Viernes 107
Energía libre 108
Cambiando el mundo 109
The People's Disclosure Movement 110
Cuidado con la división 112
Cómo destruir un movimiento 113
El futuro 114
Plantillas de registro CE-5 116
Quién es quién 124
Medios recomendados 126
Glosario de términos 128
Índice 133

	A	B	C	D	
1	Tipo Adamaski 10m. de diámetro	Tipo platillo volador grande 50m de diámetro	Nave nodriza 300-3000m de longitud	Forma de cilindro Varias longitudes	
2	Tipo platillo Volador "viejo"	OVNI con forma de "Saturno"	Visto sobre África 70m de longitud	Fotografiado sobre California 1957	
3	Fotografiado 1950 y 1954	"Platillo Trinidad" Brasil 1958	Objeto con cola de fuego, 1948	En forma de cohete grabado en Italia	
4	Visto en 1947 70m de diámetro	"Nuevo Tipo" Fotografiado en Brazil	Forma Oval 25m de longitud, 1952	Visto en EE.UU y en Italia	
5	Tipo "común" en forma de domo	Fotografiado en California y Oregon	Cigarro con Escape de jet, 1952	Forma de globo 20cm. - 20m de diámetro	
6	Forma de domo promedio	Fotografiado en Nuevo México 1963	Nave nodriza en forma de cigarro	Cono u objeto con forma hacia arriba	
7	Tipo platillo volador	Fotografiado en California 1965	Forma de cigarro alado 1952	Forma angular EE.UU. 1961	
8	Fotografiado en Corea	Forma de disco 1950	Forma de cilindro alado	Del World Atlas of Mysteries por Francis Hitching. Dibujos por Kurt Aasheim, marzo 1967. Los objetos no están dibujados a escala.	

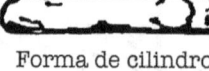

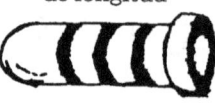

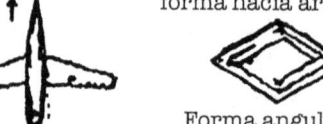

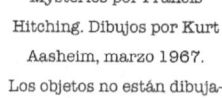

PRIMERA PARTE:

INTRODUCCIÓN A CE-5

¿QUÉ ES UN 'CE-5'?

'CE-5' es un acrónimo de: 'Encuentros cercanos del Quinto Tipo'

Un 'Encuentro Cercano' es un término inventado por el Dr. J. Allen Hynek, quien estudió Objetos Voladores No Identificados (OVNI) con La Fuerza Aérea de los Estados Unidos entre los años de 1947 y 1969. El Sistema de Clasificación Hynek original de Encuentros Cercanos tenía tres tipos, e investigadores posteriores agregaron más a la lista. Los Encuentros Cercanos pueden ser divididos de manera amplia en dos grupos:

- Los primeros cuatro tipos de contacto, CE-1, 2, 3 y 4, son aquellos donde el encuentro con un OVNI o Extraterrestre (ET) es de naturaleza pasiva; es accidental o indirecto, o donde los ETs inician el encuentro, y si sucede, a menudo está fuera de nuestro control.

- Un CE-5, por otro lado, es donde los humanos inician el contacto activamente, y donde mantenemos comunicación bilateral pacífica con ETs.

"¿Cómo luce un CE-5?" Puede parecer muchas cosas, pero la mayoría de las veces, un CE-5 es donde una o varias personas se reúnen para meditar y enviar un mensaje a nuestros amigos ETs. Los mensajes internos y externos reciben respuesta. Los CE-5 se realizan con mayor frecuencia en el campo bajo las estrellas para permitir múltiples avistamientos OVNIs de los miembros presentes.

Cuando Hynek comenzó su estudio de los OVNIs, era muy escéptico. Pero a medida que estudiaba el tema, se convenció de que no todos los OVNIs podían ser explicados. Al final de sus años de investigación hizo esta audaz declaración sobre la Inteligencia Extraterrestre (ETI) y la Inteligencia Extradimensional (EDI): "Hay pruebas suficientes para defender a ambas."

¡Bienvenido a 'Un Manual de CE-5!'

Nuestra intención es proporcionar una guía práctica y fácil de seguir que puedas llevar contigo al campo para hacer contacto con nuestra Familia Estelar.

¿Por qué hacer contacto? Es posible que te sorprendas al saber que el propósito de comunicarse con los extraterrestres no se trata de obtener un avistamiento visual o intentar salvar el mundo. Este extraordinario suceso es realmente sobre el don y regalo de la expansión de tu propia conciencia.

En este contexto, ¡ver naves o aprovechar la energía libre es irrelevante! Pero, por supuesto, estos resultados se manifestarán naturalmente como un subproducto de nuestra evolución.

Cada uno de ustedes tiene su propio y único camino para encontrar al "yo" expandido. Selecciona y elige entre las técnicas aquí presentadas y deja que despierten tu inspiración para crear tus propias recetas para el contacto.

Esperamos que disfrutes creando experiencias abundantes, emocionantes y edificantes con nuestros amigos ETs.

La expansión de la conciencia es divertida.

¡Disfrútala!

HISTORIA DE CE-5

Los protocolos de contacto CE-5 fueron creados conjuntamente por el Dr. Steven Greer y varios extraterrestres en 1973. Los seres compartieron con Greer la importancia de enseñar este protocolo a los humanos, lo que comenzó a hacer de manera seria unas pocas décadas después. El contacto iniciado por humanos fuera del protocolo que le fue impartido es una realidad, aquí algunos ejemplos:

- A lo largo de la historia, los chamanes de las culturas indígenas de todo el mundo han tenido una conexión fluida con ETs.

- El 15 de marzo de 1954, un grupo de buscadores envió un mensaje telepático al espacio, designando este día como "Día mundial de contacto." Han tenido muchas sesiones desde entonces y atribuyen un aumento de avistamientos OVNIs en ese día gracias a este evento.

- En los años 60s, grupos de hippies en los Estados Unidos y en el Reino Unido enviaron y recibieron mensajes de ETs.

- En 1974, Sixto Paz Wells y el grupo peruano "Rahma" comenzaron a enviar y recibir comunicaciones, incluyendo invitar a la prensa internacional para confirmar e informar sobre avistamientos de OVNIs que fueron programados con anticipación contando con múltiples testigos.

El Dr. Greer fundó el grupo CSETI (Centro para el Estudio de la Inteligencia Extraterrestre) en 1990. Durante muchos años, con el Dr. Greer ha implementado y enseñado los protocolos de contacto a través de ese grupo, y a través de la organización unificadora "El Movimiento de Divulgación de la Gente" (The People's Disclosure Movement), de Kosta Makreas, el nombre 'CE-5' se ha extendido por todo el mundo. Existen muchos y diversos grupos que hacen contacto ya sea inspirados por CE-5 o a su manera. Si bien nadie sabe exactamente cuántos individuos o grupos participan regularmente en CE-5 en todo el mundo, se estima que son miles y ... creciendo.

El protocolo original implica la conexión a la conciencia de la mente unificada y la visión remota para visualizar, teledirigiendo los ETs a tu ubicación para mostrarles dónde estás. Se reproducen los tonos que se grabaron en otros avistamientos/círculos de cosecha, se utilizan láseres de astronomía y también cierto tipo de equipos. El Dr. Greer sería la primera persona en decir que no hay que hacer el CE-5 según su interpretación y diseño. Seguir las instrucciones de otra persona al pie de la letra no tiene nada que ver con si vas a hacer contacto o no. Harás contacto cuando estés listo y a tu manera. Lo más importante a tomar de este documento es que el mejor protocolo se descubre cuando sigues tu propia guía y lo haces tuyo.

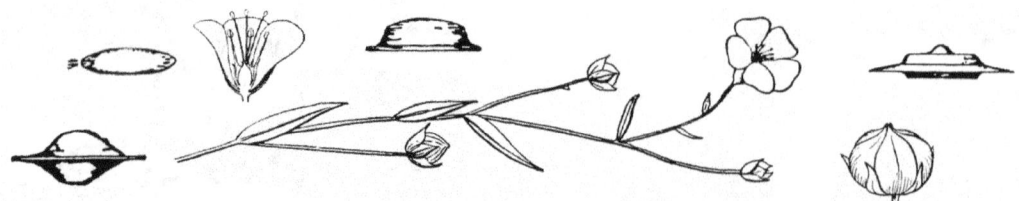

> *"Sixto y Kosta son nombres geniales. Quiero saber más sobre ellos."*
> Consulta "Quién es quién" en la parte posterior de este documento para obtener las biografías de las principales figuras de CE-5.

"¿A Quién estamos contactando?"
¿ETs? ¿Seres celestiales? ¿Espíritus? ¿Entidades energéticas?

Los viejos paradigmas supondrían que estamos contactando con extraterrestres físicos que vuelan con naves físicas. Esto puede ser cierto: algunos ETs Pueden ser seres físicos en la forma en que entendemos la realidad 3D. Ahora, sin embargo, podemos deducir lógicamente de la avistamientos, experiencias y fenómenos observados en la historia de la ufología que muchos, si no todos, los ETs tienen capacidades inter-dimensionales. Pueden asociarse con, o incluso ser seres no físicos o espíritu/fuente. Cualquiera que sea el caso, sabemos que estamos contactando a seres benévolos que están predominantemente interesados en la expansión de la conciencia de la humanidad y lo más importante que aportan a nuestro diálogo es el amor. ¿Cómo sabemos esto? Debido a que nuestras experiencias internas y externas han sido todas positivas y no "captamos" avistamientos a menos que nosotros mismos vengamos de un lugar de amor.

"¿Qué pasa si te equivocas?" Si no nos estamos comunicando con entidades benevolentes de algún tipo, entonces la única explicación de nuestras experiencias es que, individualmente o como grupo, los humanos tenemos la capacidad de manifestar en la realidad lo que queremos o lo que esperamos. ¿Cuál sería el significado de todo esto, si este es el caso? Que no podemos manifestar estos increíbles resultados sin amor, y que estamos descubriendo nuestro potencial. Eso es igual de genial.

NUESTRA HISTORIA DE CALGARY CE-5:

En 2013 un amigo y yo vimos el documental Sirius. Estábamos tan emocionados que formamos un grupo de CE-5. Nuestra primera vez fue un día de verano con un cielo azul claro, salvo por un pequeño grupo de nubes que señalé al grupo: "¿No se parece a la palabra 'Hola'?" Todos nos reímos y volvimos a nuestra meditación. ¡Deberíamos haber tomado una foto! Ahora creo que fue una sutil bienvenida de nuestros amigos de las estrellas. Durante tres años tuvimos experiencias internas. A veces un individuo veía algunos fenómenos anómalos. Estábamos frustrados de que no estábamos teniendo múltiples avistamientos. Entonces algunos de nosotros viajamos al Monte Shasta a un retiro llevado a cabo por el inimitable y maravilloso Kosta Makreas. ¡Qué experiencia de contacto tan sorprendente! Cuando volvimos, supimos mejor qué debíamos buscar arriba en los cielos. Desde entonces, el año pasado ha sido una maravillosa demostración de: (en orden de incremento de su innegable existencia)

- Muchos 'supuestos meteoritos.' (La principal anomalía de estos es el gran número de ellos, especialmente dado que nuestras noches no son en noches de lluvia de meteoritos.)
- Muchos 'supuestos satélites.' Algunos de estos centelleaban y / o destellaban, y/o se encendían.
- Colores brillantes anómalos en el cúmulo de estrellas de las Pléyades.
- Una luz más brillante que un planeta, que apareció a través de una nube: cuando la nube se disipó, la luz se había ido.
- Multitudes de destellos y de flashes. (Pequeños destellos de luz como el de una cámara, consulta el glosario para otros términos nuevos.) Dos veces observamos más de 50 en fila cruzando el cielo.
- Cuatro luces muy brillantes que volaban bajo, una lo suficientemente bajo como para pasar e iluminar una nube. (Los observamos a todos reducir la velocidad hasta casi detenerse en el borde del horizonte.)
- Una gran esfera que flotaba lentamente desde el cielo como una pluma que cae al suelo.
- Una luz muy brillante que se movió, se detuvo, se movió, se detuvo de nuevo y luego se apagó.

Estamos muy emocionados de ver lo que sigue. Esos tres años poco productivos fueron necesarios para nosotros. Teníamos que crecer mucho aún antes de que estuviéramos listos para tener avistamientos. ¡No pienses que te llevará tanto tiempo ver algo! Recientemente los avistamientos han sido más frecuentes y más fáciles de acceder. Ahora las personas que nos encuentran tienen avistamientos en su primera noche en el campo. Si implementas las recomendaciones en este libro de trabajo, creemos que tendrás un avistamiento al cabo de seis salidas.

Cielia y el Grupo Calgary CE-5

ELEMENTOS CLAVE:

El que sigas los protocolos originales de CSETI depende de ti.
Hagas lo que hagas, hay tres elementos clave que se requieren para hacer contacto.

1. Conexión a la conciencia de la Mente Unificada

2. Un corazón sincero

3. Intención clara

1. CONEXIÓN A LA CONSCIENCIA DE LA MENTE-UNIFICADA

Necesitarás conectarte a La Fuente tanto en tu vida diaria como durante los CE-5. Si lideras un grupo, alentarás a otros a acceder al estado de unidad con todo lo que es. Aquí hay algunas técnicas para enseñarte a ti mismo y a otros cómo acceder al Uno Universal:

- Comienza con darte cuenta de tu propia consciencia y extiéndela alrededor tuyo, uniéndote a la consciencia de todos y de todo lo que está cerca de ti ... el césped, los árboles, los demás en tu grupo, las personas en los barrios cercanos, la gente conduciendo por las calles. Permite que tu consciencia se expanda en la de ellos e imagina lo que sienten y experimentan a medida que viven sus vidas.

- Desapegate de tu consciencia individual. Mírate a ti mismo con vista de ave. Sé la consciencia mayor más allá de la individual. Mírate desde arriba. Nómbrate a ti mismo: "Ahí está Jason, sentado con su grupo. ¡Parece que se está divirtiendo!"

- Expande el límite de quién eres, ve tan amplio que todo tu cuerpo encapsule todo el universo. Tú eres el universo. Todas las estrellas, galaxias, nebulosas y planetas existen dentro de tus brazos, piernas, torso y cabeza. Visualiza la actividad de las estrellas naciendo y muriendo, la vida en otros planetas, el gran movimiento de los sistemas solares... ¡e incluye el tráfico espacial intergaláctico!

- Conoce que no existe el pasado y el futuro. Todo es ahora. Si todo es ahora, y cada momento está sucediendo simultáneamente, y si la reencarnación es real, entonces ¿no sería posible que cada persona que encuentras es una versión de ti mismo viviendo una vida diferente? Imagina lo que es ser las otras personas en tu grupo. Imagina cuando los miras que te estás mirando en un espejo en ese mismo momento.

- Visualízate conectado a todo. ¿Acaso hilos invisibles te conectan de corazón a corazón? ¿Un cordón en tu plexo solar? Ve la extensión de ti mismo conectándose con todas las otras formas de vida en una red de luz interconectada.

- Mantén en tu mente el conocimiento de que la energía nunca muere, que cada acción te conecta con el mundo y con todos a tu alrededor Piensa en el efecto mariposa.

- Recuerda que, si no existieras, nada de esto podría existir. De Verdad. Eres una parte integral del todo.

- Conoce que eres parte de Dios/Fuente/Cosmos/Universo /Todo lo que es/Creador. ¿Qué ves o sientes al mirar a través de tus propios ojos sabiendo eso? ¿Cómo se sentiría ser Dios (o etc.), mirando a través de tus ojos?

- Sólo sé. En silencio deja que cualquier pensamiento que surja simplemente flote lejos. Respira. Deslízate en el vacío, aprecia y siente el amor.

Es muy útil para tu práctica de CE-5 conectarte con la consciencia unificada de manera regular para volverte más adepto en acceder a este estado mental. Si no te familiarizas con estas técnicas, no te preocupes. Sabemos que algunas personas luchan con la meditación y la visualización, pero sus espíritus amables, humildes y agradecidos los conectan a la consciencia unificada de una manera firme que tal vez eclipsa la intención consciente y periódica.

2. UN CORAZÓN SINCERO

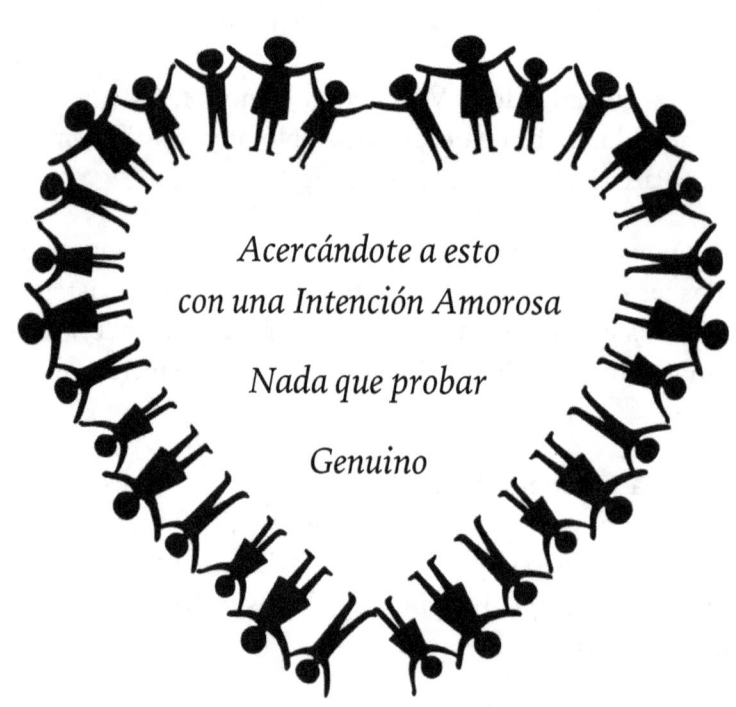

Acercándote a esto con una Intención Amorosa

Nada que probar

Genuino

3. INTENCIÓN CLARA

¿Por qué estás haciendo esto?

- Para facilitar tu crecimiento
- Para permitir y recibir curación
- Para elevar a la humanidad
- Una iniciativa diplomática
- Para nutrirte/darte esperanza
- Para recibir el regalo de los avistamientos
- Confirmación de que no estamos solos
- Documentación de evidencia
- Una solicitud de intervención cósmica
- Para mostrar voluntad y disposición para el próximo paso de contacto
- Para avanzar más rápido hacia los dispositivos de energía libre y la libertad para la humanidad
- Para ayudar a estabilizar y dar armonía en la Tierra
- Poner acción para hacer un mundo mejor para nuestros hijos
- ¡Para divertirte!
- Etc.

Aclara tu intención antes de comenzar, y aclárala a medida que avanzas. Puede cambiar a medida que tú cambias, ya sea durante un CE-5 o en tu vida diaria. Puedes tener varias intenciones activas al mismo tiempo.

Intenciones Durante un CE-5:
Al iniciar el CE-5, establece la intención de la noche con tu grupo como parte de su apertura. Puedes ir alrededor y pedirles a las personas que compartan su intención personal, o puedes pedirles a algunos voluntarios que hablen y que propongan una intención grupal con la que todos puedan estar de acuerdo.

Durante el trabajo de contacto, también puedes cambiar o agregar cosas a medida que avanzas. Por ejemplo, si tienes un avistamiento de un supuesto satélite, como grupo, pueden unir sus mentes y sus corazones y solicitar que cambie de dirección o que avance más rápido, o que una nave se acerque. Si las nubes están en el camino, pueden intentar una actividad de destrucción de nubes juntos. O pueden pedir que se vayan los mosquitos o que el grupo se sienta más cálido. Es posible que quieran hacer una curación grupal para alguien ahí. Poner una intención como grupo amplifica la intención de manera exponencial - para aprender más sobre esto, refiérete a los estudios científicamente validados sobre cómo la TM (meditación trascendental) reduce la tasa de delincuencia urbana hasta en un 70%.

Cuando concluyan su trabajo de campo, establezcan algunas intenciones para el tiempo que sigue al CE-5, recordándose mutuamente de mantener sus ojos y otros sentidos abiertos para una posible comunicación en el camino a casa, en el estado de sueño y en los días que siguen.

> *"¿Qué es un destello móvil?"*
> Para obtener una definición de éste y otros términos desconocidos, consulta el glosario en la parte posterior.

OTROS ELEMENTOS ÚTILES

Los primeros tres ingredientes para el contacto son principios básicos que provienen de la experiencia del Dr. Greer. Aquí están algunos componentes adicionales para aumentar el contacto que provienen de nuestros propios conocimientos.

- Vibración
- Coherencia y cohesión
- Creencia

BUENA VIBRA

Si aceptamos que toda la realidad opera a lo largo de una jerarquía vibratoria, con altas y bajas densidades energéticas, dimensiones o estados de conciencia que abarcan un vasto continuo, reconoceremos que los ETs, los maestros ascendidos, los seres angélicos y otras entidades similares ocupan un reino vibratorio más alto que nuestro limitado mundo material 3D. A medida que vibran a un ritmo mayor que nosotros los humanos, ellos existen fuera de nuestro rango natural de percepción. De alguna manera, estamos ciegos a una vasta porción de la selva cósmica. Pero no estamos completamente varados. La buena noticia es que también somos seres multidimensionales eternos. Si logramos acelerar nuestra propia frecuencia vibratoria, esforzándonos por elevar o hacer coincidir nuestras vibraciones energéticas con las de los ETs, tendremos una mayor posibilidad de vernos unos a otros y de hacer una conexión real y tangible. Lyssa Royal Holt se refiere a este estado deseable como "el terreno común".

Cómo elevar tu vibración

Durante un CE-5, tu frecuencia energética puede aumentarse de varias maneras:

- Sé consciente de tu cuerpo etérico, tu ser superior y todos los aspectos de ti mismo más allá del 3D.
- Sé juguetón. Los ETs serán divertidos contigo, así que únete a la diversión.
- Mantén el ánimo del CE-5 ligero y feliz.
- Relájate. Puede ser que veas algo en tu próximo CE-5 o no, pero tendrás crecimiento.
- El agradecimiento o la apreciación es la forma más rápida de elevar su vibración. Sé agradecido por tu compañía, la noche, las estrellas, el infinito, la vida, los geniales punteros láser.
- Sé tú mismo. Estás rodeado de observadores que comulgan contigo, así que sigue adelante y suéltate un poco.
- Deja que te sientas adormilado o con sueño. Entra en un estado de onda cerebral theta.
- En preparación para un CE-5, mediten en grupo o individualmente. Y en general, medita mucho.
- Recuerda a todos que no sólo somos seres físicos, sino que somos seres eternos, espirituales, con muchos aspectos del Yo. Cuanto más expandamos nuestra conciencia, más podremos percibir con visión universal y experimentar más fenómenos.
- Espera que suceda. Eres un ser infinito y eterno y TENDRÁS contacto, tarde o temprano.
- Sin embargo, relájate. Trata de no sentirte decepcionado o desanimado si aparentemente no sucede nada hoy. Ten preferencia por la experiencia, pero no la NECESITES.

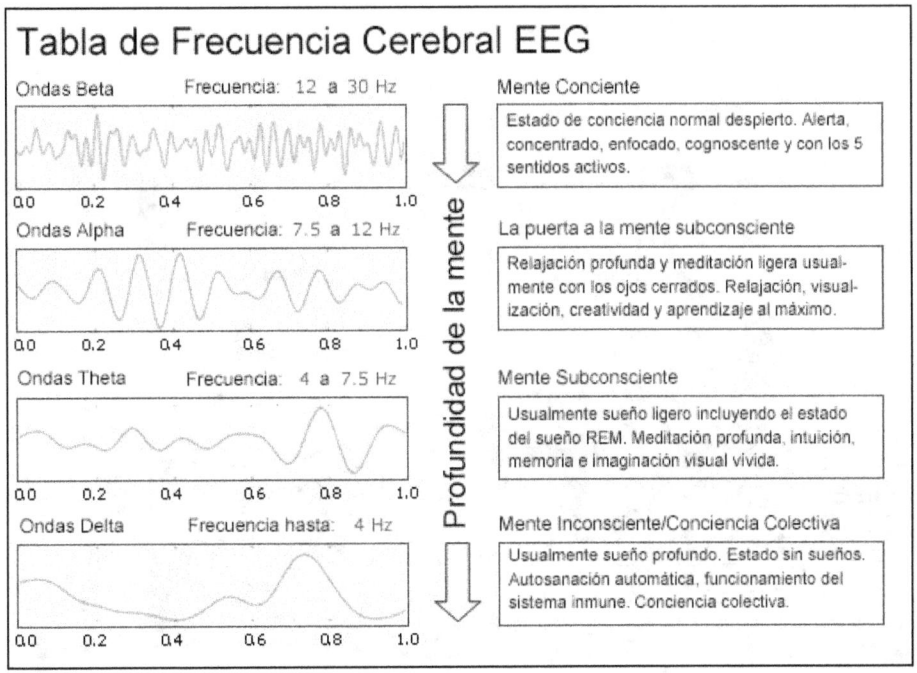

Traducido de: http://www.mind-your-reality.com/brain_waves.html

Otros elementos útiles

Elevar tu vibración puede ser tan simple como vivir desde el corazón:

"Escoge el Amor.

"En la vida, tenemos la opción entre un pensamiento de amor o un pensamiento de miedo.

"El miedo es la energía que contrae, cierra, hunde, huye, oculta, acumula, daña.
El amor es la energía que expande, abre, emite, permanece, revela, comparte, sana.

"El miedo cubre nuestros cuerpos de ropa, el amor nos permite permanecer desnudos.
El miedo se aferra a todo lo que tenemos, el amor da todo lo que tenemos.
El miedo siente apego, el amor siente cercanía.
El miedo sujeta; el amor deja ir.
El miedo duele; el amor alivia.
El miedo ataca; el amor repara.

"Cada pensamiento, palabra o acto humano se basa en una emoción o la otra.
No tienes elección al respecto, puesto que no existe nada más entre qué elegir.
Pero tienes libre albedrío respecto a cuál de las dos escoger."

—Conversaciones con Dios por Neale Donald Walsch

Al elevar tu propia vibración y la vibración del grupo, debes saber que estás influenciando al mundo y al universo. Imagina esto sucediendo a esa gran escala, donde nuestras ondas cerebrales son la vibración que emana del Planeta, alcanzando y conectando con seres de conciencia superior.

"En una habitación llena instrumentos de cuerda, una cuerda vibrando fuerte es todo lo que es necesario para hacer que todas las demás cuerdas comiencen a vibrar en armonía.
Puedes probar este experimento a pequeña escala tomando dos guitarras y colocándolas en una misma habitación, una cerca de la otra.
Toca la cuerda de cualquier nota en una guitarra y la otra ¡empezará a vibrar también sin haber sido tocada!"

Fuente Desconocida

Otros elementos útiles

2. COHERENCIA Y COHESIÓN GRUPALES

Coherencia y cohesión grupales El nivel de contacto experimentado por un grupo a menudo será proporcional a la coherencia y cohesión del esfuerzo del equipo.

<u>Coherencia</u> implica valores, intención y objetivos comunes y compartidos.

> Todos en el grupo están básicamente en la misma página en cuanto a lo que están haciendo y por qué están allí, no hay mensajes mixtos. Los ETs serán más receptivos y capaces (en un nivel vibratorio, energético) de responder e interactuar con grupos que estén unificados en su intención y mensaje, y que puedan elevar su propia frecuencia al proyectar colectivamente un fuerte sentido de paz, amor, buena voluntad y amabilidad. Deja que estas buenas vibras e intenciones fluyan generosamente desde tu grupo y hacia el cosmos. Los ETs serán capaces de captar esto y responder de la misma manera.

<u>Cohesión</u> tiene que ver con qué tan bien funciona un equipo como una unidad.

> Si tu grupo carece de organización, sentido del orden o existe algo de tensión o un conflicto interno, el resultado del contacto puede sufrir. Supongamos que los ETs analizarán de forma remota a tu equipo y verán qué está pasando. Si ellos sienten discordia, negatividad, una vibra desagradable, o un equipo que opera de forma descuidada, torpe y desprevenida, podrán ser reacios a acercarse. De hecho, desde una perspectiva vibratoria, puede que ni siquiera sean capaces de acercarse. Los grupos de contacto que demuestran buen trabajo en equipo, cooperación, colaboración, integridad y respeto mutuo, al tiempo que proyectan un fuerte sentido de amor, armonía, paz y buena voluntad, naturalmente disfrutan de mayor éxito. Trata de reunir y formar un equipo que funcione sin problemas y de manera efectiva como una familia feliz. Esto puede llevar tiempo, paciencia y numerosas salidas de contacto, pero el resultado serán niveles más profundos y satisfactorios de contacto.

Otros elementos útiles

Cómo mejorar tanto la Cohesión como la Coherencia:

- Proporciona información preliminar para los recién llegados antes del trabajo de campo. La gente nueva necesita saber qué esperar. (¡Dales este manual!)

- Integra a las nuevas personas con un genuino sentido de bienvenida y calidez.

- Si tienes un grupo grande, pídeles a todos que usen etiquetas con su nombre.

- Podrías hacer actividades divertidas para romper el hielo si es que hay nuevas adiciones al grupo.

- Cuando inicies un CE-5, reserva un tiempo para estar juntos antes de poner los ojos en el cielo (más fácil antes de que oscurezca).

- Háganse preguntas, conozcanse e intenten escuchar tanto como hablar.

- Sé cariñoso y tolerante.

- ¡Sonrisas y abrazos!

- Compartan el pan juntos, antes del trabajo de campo o entre eventos de contacto. La convivencia realmente ha ayudado a nuestra coherencia de grupo.

- Acepta las experiencias y la percepción de la realidad de otras personas, sin importar lo extrañas que parezcan.

- Trata de estar genuinamente emocionado cuando otros tienen un avistamiento o una experiencia interesante, incluso si sientes envidia.

- Toma fotos de grupo (pero respeta a quienes deseen mantener en privado sus identidades).

- Empiecen y terminen el trabajo de campo mientras se toman de las manos; conecten su energía juntos. (Sean breves si hace frío o si hay mosquitos).

- Como parte de su evento de contacto, dependiendo de la ubicación, consideren turistear juntos como grupo. ¡Agreguen algunas aventuras adicionales!

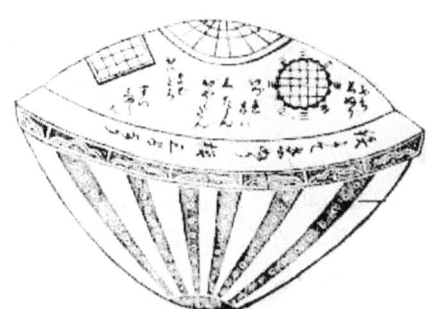 

Estos chicos están mirando a "Utsuro-bune," un OVNI japonés.
Visto en 1803, dibujado en 1843

Trabajo en Equipo y Liderazgo

El trabajo en equipo es un componente muy importante de la cohesión. Parece que un aumento en los avistamientos se correlaciona cuando la gente comparte el trabajo. Todos pueden contribuir de alguna manera. ¡Ser un líder eficaz que pueda facilitar esto es importante! Debo admitir que al principio el liderazgo me resultó desalentador. Es un buen lugar para crecer.

Mark Koprowski de CE-5 Tokyo es un líder directivo del que estoy tomando notas. Ha contribuido significativamente a este documento y aprecio sus años de experiencia y sabiduría. Aquí están algunos de sus artículos de acciones para trabajo en equipo y cohesión.

- Divide el trabajo y asigna roles dentro del equipo (por ejemplo, coordinador de campo, fotógrafo, camarógrafo, puntero láser, incienso, grabadora de sonido, binoculares, asesor de eventos celestes, seguridad del sitio) y asegúrate de que todos sepan lo que les toca hacer, cuándo lo van a hacer y cómo hacerlo. Trata de hacer que todos se sientan como parte del equipo asignándoles un rol o tarea, sin importar cuán pequeña sea. Incluso si eso significa tener 10 fotógrafos con nada más que un iPhone, está bien. También puedes asignar múltiples roles a una persona si tu grupo es pequeño.
- Para mantener un sentido de unidad y cohesión grupal, idealmente, solo debe haber una conversación sucediendo a la vez durante el trabajo de campo. Si alguien tiene algo que aportar, debe hablar en voz lo suficientemente alta para que todos lo oigan. Excepto durante los descansos, eviten conversaciones privadas tanto como sea posible.
- Para equilibrar la energía masculina y femenina, los miembros masculinos y femeninos deben sentarse alternados en el círculo de contacto: hombre, mujer, hombre, mujer, etc.

Yo tengo un estilo de liderazgo más laissez-faire. Sé que tengo trabajo que hacer con ser un poco más asertiva. Aquí están algunos consejos que he tomado en el camino:

- Mantén a los grandes conversadores suavemente bajo control, y alienta a los pequeños conversadores. (¡Asegúrate de no ser uno de los más habladores! Los líderes extrovertidos a menudo tienen este punto ciego.)
- Mantente al tanto y sigue la voluntad del grupo.
- Trabaja para ganar confianza como líder y superar las inseguridades.
- Pregunta a las personas a dónde quieren ir y qué quieren hacer.
- Da opciones: a veces las preguntas abiertas son demasiado abiertas.
- Cuando alguien hace una sugerencia, síguela. Si no es factible, incorpórala en otro momento.
- Pregunta si alguien quiere escoger/guiar una meditación, usar algún equipo, tocar campanas o cuencos, etc.

Recuerda al grupo que el trabajo en equipo es parte de la cohesión que trae los avistamientos. Si son tímidos para participar eso está bien, simplemente no tomes demasiadas responsabilidades para no sentirte abrumado o resentido. No necesitas llevar a cabo una reunión perfecta con "bombo y platillo", el crecimiento y los avistamientos ocurren con agendas muy simples y sin equipo. Como líder, debes asegurarte de disfrutar esto y de vibrar en una frecuencia alta, así que solo encárgate de lo que puedas manejar felizmente.

Una palabra sobre Drogas, Alcohol y Armas

La perspectiva de Mark:

"El uso o posesión de alcohol, drogas o armas en el contexto de CE-5 generalmente se desaconseja. Así como no consumirías drogas ni portarías armas en una reunión diplomática de alto nivel en la ONU, tampoco los llevarías o utilizarías en un evento de contacto con invitados interestelares. Como embajadores ante el universo se debe observar un claro sentido de decoro, buenos modales, respeto y profesionalismo básico si tu objetivo previsto es establecer contacto y comunicación. Date cuenta de que los ETs podrán escanear de forma remota tu grupo e inmediatamente sabrán si hay alguien intoxicado o 'alterado' o si hay peligro o amenaza potencial. Aquellos 'bajo influencia de algo' naturalmente perderán cierto grado de autocontrol: física, mental o emocionalmente - y pensando en la seguridad, puedes estar bastante confiado de que los ETs no se aproximarán, al menos no demasiado. Y si el objetivo del trabajo de contacto es compartir y divulgar tus increíbles experiencias y aventuras de otro mundo con amigos, familiares o el público, ¿qué tan creíble sonará si tú o los demás estaban intoxicados o "idos" en ese momento? Como ciudadanos diplomáticos, debemos hacer todo lo posible por crear un espacio positivo, acogedor y seguro para nuestros visitantes galácticos. Esto significa ingresar al campo completamente consciente, alerta, sobrio y sin armas. Y desde una perspectiva puramente vibracional, las drogas probablemente desordenarán tu campo de energía y bajarán tu frecuencia, y esto podría convertirte en un objetivo para entidades negativas o egoístas. Esa es una de las razones por las que James Gilliland prohíbe cualquier tipo de drogas en su rancho."

Yo estoy de acuerdo con Mark. Nunca hemos atraído a nadie a nuestro grupo que haga uso de sustancias intoxicantes durante el contacto. (¡Hasta donde yo sé!) No puedo imaginar que sea útil en ningún asunto espiritual o científico. Quizás una excepción sería si estás usando una sustancia de una manera sagrada, como medicina y/o si un chamán te está supervisando. Un poco como la anarquista que soy digo: "Chacun son gout." ("Cada quien lo suyo" a la francés de secundaria). En el experimento de tu propia vida descubrirás si los intoxicantes son útiles u obstruyen al establecer contacto/expandir tu conciencia. Como líder, puedes elegir si lo permites o no. En cuanto a las armas, Canadá está prácticamente libre de armas, comparativamente, así que ¡ni siquiera puedo imaginar que alguien traiga una a un CE-5!

Otros elementos útiles

3. CREER = VER

Una barrera importante para los avistamientos es nuestra dependencia de las pruebas físicas. Diferentes fuentes nos dicen una y otra vez que nosotros creamos nuestra propia realidad y que nuestro mundo interior debe transformarse antes de ver resultados externos. Los avistamientos de OVNIs son un ejemplo perfecto de esto. En su mayor parte, el nivel de creencia de cada uno está altamente correlacionado con la cantidad de "pruebas" que cada quién obtiene. Es una divertida paradoja de la vida. Todo fluye hacia ti cuando ya ni siquiera lo necesitas. Jaja. Gracioso, ¿verdad?

Una creencia es solo un pensamiento que sigues teniendo una y otra vez. Prueba estos:
- Podría ser posible
- El mundo/la realidad/Yo podría ser mucho más de lo que me han enseñado
- Estamos evolucionando y el futuro es desconocido
- Otros han visto OVNIs
- Yo podría ver un OVNI

Es posible que escuches sobre esta persona rara que tiene un gran avistamiento y todavía es muy escéptica. Su rol como testigo escéptico tiene su propio propósito en el proceso de divulgación.

Otro escenario es que a veces las personas se inician con un encuentro sorprendente que está diseñado a propósito para que se muevan en esta dirección. Eso puede ser muy frustrante si no están listos para recibir comunicación consistentemente. Luego entonces tienen que unirse al resto de nosotros conforme elevamos nuestra vibración y hacemos el trabajo básico de liberar nuestro apego a la realidad convencional y nuestras ideas limitadas sobre nosotros mismos.

Si eres escéptico y estás experimentando con esto, es posible que desees que algunas personas se unan a ti que estén tan convencidas que incluso cuestiones su cordura. Fomenta tu relación con ellos: ellos son imanes para avistamientos. Sigue siendo científico, pero no te pierdas el tener a esta gente encantadora y entrañable contigo. Además, ser tolerante con diferentes paradigmas es bueno para tu crecimiento. Conforme te relaciones con ellos, mantente fiel a tu propio paradigma y confía en tu propio juicio.

"Estoy notando algunas cosas medio locas aquí. ¿Tengo que creer en chakras, vórtices o cristales? Yo quiero creer en los OVNIs, no en las cosas de la Nueva Era."
Por supuesto, no tienes que usar ropa teñida a mano y cantar mantras para expandir tu conciencia/tener avistamientos. Sin embargo, si tienes una mentalidad más científica, toma en cuenta que parte de este documento no resonará contigo. El mundo de CE-5 es, por naturaleza, de temática espiritual. Toma lo que te funcione y descarta el resto. Recuerda, el contacto ET iniciado por humanos está compuesto de tres ingredientes: 1. Conexión a la Conciencia de la Mente Unificada, 2. Un Corazón Sincero, y 3. Intención clara.

"El día que dejo de tener dudas es el día en que me vuelvo peligroso."
—Neale Donald Walsch

> Consejo: intercambiar historias durante un CE-5 es una gran herramienta para consolidar la creencia. Te pone en la mentalidad correcta para el contacto. También es útil reproducir los tonos de los círculos de cosecha antes del evento según el protocolo CE-5 original, recordándonos que hay muchos fenómenos inexplicables por ahí que han sido presenciados por muchos y grabados para su estudio. Puedes encontrar los tonos en la app *ET Contact Tool* o en YouTube (que puedes luego convertir a mp3: https://ytmp3.com/).

Otros elementos útiles

OVNI Formaciones	OVNI Maniobras

SEGUNDA PARTE:

AL GRANO/

CÓMO HACERLO/

MANOS A LA OBRA

REUNIÉNDOTE CON OTROS

Ahora que conoces los ingredientes necesarios para el contacto, estás listo para comenzar.

Puedes hacer CE-5 solo o en grupo. El tamaño de los grupos varía mucho: la mayoría de los que se reúnen alrededor del mundo regularmente son entre 1 y 10. Tenemos 30 personas en nuestra lista de correo electrónico, y generalmente recibimos de 7 a 9 personas en nuestras reuniones. Si tenemos un invitado especial de fuera de la ciudad podríamos llegar a reunir 30 o 40. He asistido a una conferencia de CE-5 con resultados de avistamientos donde el tamaño del grupo era de aproximadamente 500. Entonces, cualquier número servirá.

Hay muchas personas emocionadas por ahí a las que les encantaría conectarse contigo. Algunas personas se sienten realmente aisladas y no pueden esperar para conocerte y contarte todo sobre cómo llegaron a su cosmovisión actual. ¡Es maravilloso reunirte con mentes similares y compañeros del corazón en un mundo tan diverso como el de hoy!

Las personas escépticas pueden ser adiciones maravillosas. Un verdadero científico es escéptico Y TAMBIÉN tiene una mente abierta. Un verdadero escéptico es escéptico de todo, incluyendo su propia perspectiva de la realidad. Él o ella abraza el proceso científico y está listo para descartar viejos paradigmas cuando sea apropiado.

Las personas que crees que están un poco zafadas pueden volverte loco. Acepta que es posible que puedan estar en lo correcto y nunca descartes la perspectiva o las creencias de nadie. Incluso si estás 99.9% seguro de que no tienen ninguna idea de lo que es la realidad, ellos tienen una comprensión absoluta de la suya. Todos tienen derecho a su propia realidad.

Si alguien tiene GRANDES temores de ETs o son HIPER – escépticos, tienen algo de trabajo que hacer antes de permitirles que vayan a las salidas especiales con el grupo. Nunca hemos tenido a alguien extremadamente resistente a CE-5 que haya intentado unirse a nosotros. Hemos descubierto que una o dos personas con inclinación negativa que asisten a un CE-5, no necesariamente interfieren con que el resto del grupo tenga una buena experiencia. Las personas tendrán avistamientos individuales o avistamientos destinados solo a unos pocos. Sin embargo, es importante que el resto del grupo sea lo suficientemente fuerte vibratoriamente como para eliminar algunas vibras negativas. Las mejores noches que hemos tenido han sido como fiestas - siempre y cuando tengas más "almas de la fiesta" que "aguadores de fiesta" estarás bien. Como líder, si no puedes mantener alta tu propia energía frente al mal humor o al juicio, entonces debes excluir a los negatrones hasta que puedas ignorar de manera efectiva las vibras más bajas. Bendice a esta gente. A menudo esta gente internamente quiere que este fenómeno sea tan real y al mismo tiempo tienen tanto miedo que tienen una gran resistencia a abrirse. La perspectiva de ser engañados y/o que se desvanezcan sus esperanzas es aterrador.

Si puedes, intenta no excluir a nadie. La inclusión les ayuda a ellos y a ti. Si tienes muchas ganas de tener avistamientos estelares con un grupo central muy coherente, conviértelo en una salida especial solo por invitación, así nadie se sentirá excluido de reuniones mensuales establecidas.

DÓNDE ENCONTRAR GENTE

ET Let's Talk
- Ve a http://www.etletstalk.com y da click en "Sign In/Sign Up" (Registrarse)
- Da click en "Members" (Miembros) a la izquierda y selecciona "Advanced Search" (Búsqueda avanzada)
- Bajo "Location" (Ubicación), teclea el nombre de la ciudad, después desplázate hacia abajo para seleccionar "Filter" (Filtro)
- Contacta a las personas en tu ciudad para compilar información de contacto

ET Contact Network Map
- Ve a http://www.etcontactnetwork.com
- Regístrate para tener acceso al mapa
- En el mapa, da click en cada símbolo para recabar nombres y direcciones de correo electrónico

Facebook
- Busca "CE-5" y <tu ciudad>, por ejemplo, nuestro grupo es "CE-5 Calgary"
- Únete a un grupo mundial CE5, de los cuales hay varios. En estas páginas de Facebook puedes escribir una publicación buscando personas en tu área.
    - *The CE-5 Initiative*
      https://www.facebook.com/groups/205824492783376/
    - *CE-5, UFO, SIRIUS: ETLetsTalk.com*
      https://www.facebook.com/groups/1593375944256413/
    - *CE-5 Universal Global Mission*
      https://www.facebook.com/groups/1827858540868714/
    - *CE-5 Initiative Working Groups Global*
      https://www.facebook.com/groups/1591401614435784/?fref=gs&dti=205824492783376&hc_location=group
- ¡Empezar tu propio grupo de Facebook es muy fácil! Nosotros ajustamos la privacidad del grupo a "cerrado" para que el público en general no pueda ver lo que se está publicando. Así, las publicaciones sólo pueden ser vistas por miembros del grupo que han sido aprobados.

MeetUp
Crea o busca un grupo en http://meetup.com, que es una manera genial de hacer una red. No, no es una página de citas.

WhatsApp
CSETI India tiene un chat de WhatsApp muy festivo: +91 9874447669.

La Manera Análoga
Ve a la tienda local de cristales/nueva era para hablar con la gente, colgar una publicación o dejar un folleto. O, ve si alguien en el club de astronomía está interesado. El Dr. J. Allen Hynek, astrónomo e investigador de OVNIs, encontró que en un estudio informal de sus colegas aproximadamente el 10% de los astrónomos han visto algo en el cielo que no pueden explicar, y que se lo guardan por el miedo al ridículo. ¡Quizás puedas encontrar a algunas de estas personas!

RETIROS

Haber ido a un retiro en una zona de avistamientos frecuentes catapultó la experiencia de nuestro grupo después de haber regresado. ¡Esas vacaciones valen mucho la pena, conoces nuevos amigos, expandes tu mente, ves OVNIs, y una nueva ubicación! Las ubicaciones incluyen lugares como: Monte Shasta al norte de California, Joshua Tree al sur de California, Monte Adams en el estado de Washington, Japón y Nueva Zelanda.

- ET Let's Talk – ve a http://etletstalk.com/ y da click en "Events" (eventos) para ver si hay retiros programados próximamente.

- Sirius Disclosure – ve a https://www.siriusdisclosure.com y regístrate en la lista de correo electrónico.

- ECETI – ve a http://www.eceti.org para solicitar una invitación privada de James Gilliland para visitar "The Ranch" (El Rancho).

- Lyssa Royal Holt – ve a http://www.lyssaroyal.net/-schedule.html para ver los próximos retiros, anualmente hay uno en Japón en verano.

- Rahma – ve a http://www.sixtopazwells.com. Necesitarás un entendimiento básico de español.

- Rahma en LA – ve a la página de Facebook "Mission Rahma" o pregunta de boca en boca en LA.

- Gene Ang – ve a http://www.geneang.com/www.geneang.com/Events.html para ver los eventos.

- CE-5 Aotearoa – ve a https://www.ce5.nz/ para suscribirte a la lista de correo electrónico

- JCETI – ve a http://www.jceti.org/ (para gente que habla japonés) o http://www.ce5-japan.com (para gente que habla inglés) para ver los próximos eventos.

Alternativamente, en lugar de ir a un retiro oficial, ponte en contacto con grupos en el área donde estás de vacaciones y únete a uno de sus CE-5s.

MANEJANDO UN GRUPO

Este puede muy bien ser el momento más emocionante para estar vivo en toda la historia de la tierra. ¿Qué papel escogerás desempeñar?

No lleva mucho tiempo comprometerse a celebrar reuniones regulares mensuales. Una noche = 3 a 6 horas. Escribir correo electrónico a todos para invitarlos podría tomarte una o dos horas al mes, incluyendo el responder los correos electrónicos individuales. Para empezar, habrá cosas que requerirán de algunas horas aquí y allá: buscar personas que se unan a ti, elegir el equipo que van a utilizar (si hay) y encontrar la silla adecuada. Cualquier tiempo extra que inviertas es opcional y recreativo: lectura de libros, hacer tiempo para meditar más, ir a retiros, probar nuevo equipo, etc. Cuando ya te encuentras activo puedes mantenerlo fácilmente con 5 a 8 horas al mes. Eso es solo el 1% de tus horas de vigilia al mes.

En nuestro grupo, hacemos reuniones mensuales durante todo el año. En Canadá tenemos algunos inviernos fríos, así que si baja a menos de diez grados centígrados organizamos convivios compartiendo comida y hacemos meditaciones en interiores para aumentar la coherencia del grupo y continuar nuestro crecimiento interno que es muy importante. Envío invitaciones por correo electrónico una semana antes de los eventos, y después de un evento, a veces envío un informe junto con un aviso para que aparten la fecha para el próximo evento.

Puedes elegir cualquier fecha para hacer un evento CE-5. La mayoría de las personas eligen alinear sus noches CE-5 con una de las dos redes mundiales:

- Sirius Disclosure – ve a https://www.siriusdisclosure.com y desplázate hasta la parte inferior para registrarte en el boletín informativo que te enviará recordatorios. Siempre son el primer sábado del mes, fáciles de recordar y planificar.

- ET Let's Talk – ve a https://etletstalk.com/ y ve a Eventos para ver qué fechas están por venir o únete a la lista de correo electrónico enviándole un correo a Kosta a kosta@etletstalk.com. Estas fechas son siempre el sábado más cercano a la luna nueva, para beneficiarse del cielo oscuro. Nosotros alineamos nuestras reuniones mensuales con el horario de *ET Let's Talk* porque también preferimos tener el cielo lo más oscuro posible.

ESCOGIENDO UNA LOCACIÓN

Un CE-5 se puede hacer en interiores, en tu patio trasero, en un parque cercano o en un lugar remoto. Hemos tenido resultados internos y externos en todas estas ubicaciones. La gente de nuestra ciudad ha reportado esferas flotantes (orbes) en sus patios traseros, OVNIs durante el día sobre el tráfico y una luz tricolor del tamaño de un camión que rebotaba entre los barrios de la ciudad. En realidad, no importa dónde hagas CE-5; cuando estés listo, ellos vienen a ti.

Dicho esto, las ubicaciones remotas tienden a tener como resultado más avistamientos. Los beneficios también incluyen que es más oscuro, el cielo es impresionante, estás rodeado de tranquilidad, naturaleza y paz, estás más lejos de las rutas de vuelo de las aeronaves humanas y puedes ser ruidoso cuando te emocionas y gritas cuando ves un OVNI. (¡Estoy segura de que a los ETs les encanta ver qué tan emocionados nos ponemos!) Al decidir la ubicación, trata de mantenerte alejado de líneas eléctricas, torres de celulares o cualquier cosa que pudiera interferir con tu equipo eléctrico o con una nave ET.

También es posible que quieras verificar si acaso hay líneas de energía (Líneas Ley), vórtices o puntos sagrados en tu área. Nosotros no tenemos forma de saber con certeza si estar en un lugar así contribuye o no a una diferencia notable en avistamientos. Puede ser que toda la energía y la emoción en la planificación y el viaje es lo que crea buenos resultados. Tenemos la suerte de tener un nodo principal de la red Becker-Hagens a unas pocas horas de distancia; no hay muchos en tierra en Norte América. En nuestro CE-5 en esa locación se produjeron algunos efectos ambientales anómalos muy interesantes y también capturamos muchas más luces y orbes energéticos en la cámara que en cualquier otro lugar.

Flammarion, Unknown Artist, 1888

TU PRIMER CE-5

¡Así que vas solo o has encontrado un grupo de personas! Maravilloso. Aquí hay un resumen rápido de cómo puede ir todo. Recuerda, esto es sólo una guía. Si sabes lo que quieres hacer, ¡hazlo!

- Elige una fecha y hora.
- Crea una agenda flexible de lo que harás durante el evento CE-5.
- Envía tus invitaciones y pide que confirmen su asistencia.
- Recuerda a todos traer ropa muy abrigada, saco de dormir, silla, linterna.
- En los días previos al evento, realiza de una a tres sesiones de meditación, ya sea en grupo, físicamente juntos o de manera remota a horas sincronizadas. La meditación también se puede hacer individualmente en cualquier momento si esto es más conveniente. Establezcan intenciones personales y grupales para el CE-5 durante estas meditaciones.
- El día del CE-5, reúnase y viajen juntos o reúnase ya en el lugar.
- Cuando lleguen, coloquen sus sillas en un círculo viendo hacia adentro si el cielo está despejado en todas direcciones. Usen un semicírculo si hay un área que está nublada o tiene una montaña o árboles en el camino.
- Revisen la agenda para ver si alguien tiene alguna solicitud, adición o cambio que hacer. Creen esta experiencia juntos a medida que avanzan, ¡no tiene que ser perfecto!
- Tengan una intención grupal clara.
- Hagan una meditación con los ojos cerrados para realmente ponerse en contacto con la conciencia de la Mente Unificada.
- Sigan su agenda y hagan modificaciones según sea necesario. (Consulta la sección de Ejemplos de Agendas para obtener ideas).
- Anima a las personas a decir si ven o experimentan algo; a menudo las personas son tímidas para decir que han visto algo porque apenas creen que lo han visto. Dile a la gente que hable aún si no están seguras; de hecho, ¡puede ser que alguien más haya visto o experimentado lo mismo! Entonces, el grupo puede observar esa parte del cielo para ver si algo más sucederá allí.
- Mantente en contacto con la voluntad del grupo y el ambiente - ¿están todos cómodos, aún comprometidos y se sienten felices?
- Mantén una actitud de agradecimiento por la experiencia y el crecimiento, incluso si no estás consciente de nada que haya sucedido o si no viste nada. Según nuestras experiencias, creemos que los ETs están ahí, incluso si tú no puedes percibirlos, ¡anticipando tu crecimiento con entusiasmo!
- Cuando cierres la reunión, recuerda solicitar que te visiten durante el estado de sueño y también crecimiento así como avistamientos que puedan ocurrir en los próximos días o incluso en el viaje a casa.
- Después del CE-5, puedes enviar un informe al grupo más grande y, si lo deseas, puedes subir un informe a una o varias redes sociales (Facebook, ET Let's Talk).

Creemos que si te apegas fielmente a los tres ingredientes clave mencionados anteriormente (1. Conexión a la conciencia de la Mente Unificada, 2. Un corazón sincero, 3. Intención clara), tendrás un avistamiento en seis salidas.

Lista de qué llevar

- Silla o manta
- Bolsa de dormir
- Meditaciones (Pueden ser con un teléfono y una bocina, de un libro o puedes llevar este manual, o puedes hacer las tuyas.)
- Linterna
- Puntero láser (si lo permite la ley, y ASEGÚRATE de leer la sección de Punteros láser).
- Guantes, gorros, abrigos de invierno, etc.

Para CE-5 más largos o remotos incluye:
- Bocadillos, agua
- Papel de baño

ORIENTACIÓN

Familiarizarnos con la orientación del cielo nos ayuda a describirnos mutuamente hacia dónde mirar. En lugar de "¡Miren, hay algo por allí!" y señalar con un dedo invisible en la oscuridad, podemos decir: "Miren hacia el sur de la Osa Mayor" o "Norte-noreste a 30 grados hacia arriba del horizonte". Gracias a nuestro contribuyente anónimo por esta elegante introducción a la astronomía:

Cuando lleguen al lugar de reunión, orienten a los miembros de su grupo hacia las direcciones cardinales (brújula), los sistemas básicos de medición y la ubicación de algunas constelaciones, estrellas y planetas.

- Señalen el norte, este, sur, oeste y cenit (el punto más alto directamente arriba). Asignen un punto de referencia a cada uno, si es posible. Si no existe un punto de referencia, usen una persona en el círculo.
- Estimen las 'coordenadas horizontales' de los cuerpos celestes usando el sistema de astronomía de 'altitud y azimut'.
- La 'altitud' mide el ángulo de elevación aparente de un objeto (o altura curva) en la esfera celeste (la cúpula del cielo), en relación con el observador (tu grupo).
- 0° se refiere al horizonte en un plano llano. 90° se refiere al cenit. Por lo tanto, subiendo desde un horizonte plano hacia el cenit, a medio camino serían 45°. Un tercio serían 30°, dos tercios serían 60°, etc.
- Muchas personas encuentran que su puño sostenido a la distancia del brazo puede aproximarse a un espacio de 10°, o la distancia desde el pulgar al meñique con los dedos estirados puede aproximarse a 20°. Experimenta sumando estas estimaciones desde el horizonte al cenit para saber si esto puede ayudarte. O simplemente busca la altitud conocida de los objetos en una gráfica o una app.
- El 'Azimut' mide las direcciones cardinales (norte, este, sur y oeste) en una escala de 0 a 360 grados. Pero simplemente decir la dirección, (por ejemplo, "norte-noreste") debería ser suficiente.
- Estima el brillo de los cuerpos celestes utilizando el sistema de 'magnitud aparente' de la astronomía.
- La 'magnitud', o el brillo, de las estrellas fue catalogado por primera vez por los antiguos griegos en una escala de uno (para la más brillante) hasta seis (para las más tenues).
- En el siglo XIX, los astrónomos modernos formalizaron el sistema a una escala logarítmica, ampliando la escala por debajo de uno y por encima de seis, estableciendo a Vega como su punto cero (Vega es una estrella excepcionalmente brillante, visible en el hemisferio norte durante la mayor parte del año).
- Se agregó la palabra "aparente" porque en ese momento se dieron cuenta de que el brillo depende principalmente de la distancia entre la estrella y la Tierra. Una medida separada llamada 'magnitud absoluta' describe el brillo de cada estrella si se observa desde una distancia estándar.

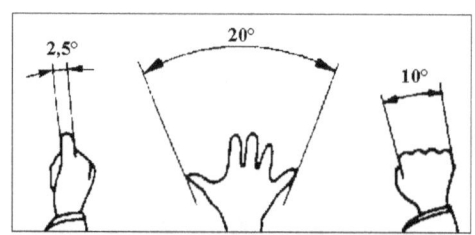

Ejemplos de Magnitud Aparente
- −5 Venus (máx)
- −3 Marte (máx), Júpiter (máx), Venus (min)
- −2 Júpiter (min)
- −1 Sirio
- 0 Arcturus, Capella, Procyon, Rigel, Saturno, Vega, Mercurio (máx)
- 1 Aldebarán, Altair, Antares, Betelgeuse, Deneb, Fomalhaut, Pollux, Regulus, Spica
- 2 Marte (min), Polaris
- 3 Galaxia de Andrómeda
- 4 Chi Orionis
- 5 Mu Cassiopeiae, Xi Boötis
- 6 Mercurio (min)

Realiza un recorrido rápido por las constelaciones, estrellas y planetas más reconocibles. Si no estás familiarizado, consulta una gráfica o una app, preferiblemente una o dos noches de antemano. Considera suscribirte a un podcast semanal de observación de estrellas, o visita tu planetario local o club de astrónomos. *Http://www.skymaps.com* ofrece mapas de estrellas descargables gratis cada mes. Se pueden descargar y distribuir fácilmente a tu equipo de contacto. Te sorprenderá lo familiar que se volverán estos patrones del cielo para ti.

Orientación

Virgo, Una Scott, Copyright 2017

MANTENIENDO UN REGISTRO

Si lo deseas, puedes mantener un registro o escribir un resumen durante o después del evento. La memoria humana es bastante frágil y es posible que desees confirmar quién vio exactamente qué antes de que tu memoria se desvanezca y/o cambie lo que sucedió. También es bueno ver las tendencias en los avistamientos a medida que aumentan. Si el tiempo lo permite, algunos grupos realizan una sesión de información de inmediato después del evento (o al día siguiente) para discutir el trabajo de campo y compartir lo que se experimentó mientras todavía está todo fresco en sus cabezas. Puede ser una buena idea grabar digitalmente la reunión, con un resumen escrito más tarde e incorporado al registro. Nosotros mantenemos nuestros registros bastante casuales. Escribimos algunos o todos estos datos:

- Fecha
- Hora
- Quién vio qué
- En qué lugar estaba
- Descripción de lo que era

A veces sólo registramos los aspectos más destacados. Si registras todos los supuestos satélites o estrellas fugaces puedes cansarte de eso si es una noche muy activa. Por otra parte, podría ser genial contarlos todos más tarde.

Si usas papel, puedes comprar una "pluma de piloto" con una luz roja en el extremo, que es una fuente de luz discreta y práctica para usar en la oscuridad. ~ $ 5 USD cada uno por Amazon.

Escribe en tu teléfono. Coloca un filtro rojo en tu teléfono para preservar la visión nocturna. Para un iPhone, sigue estas instrucciones: https://www.skyandtelescope.com/observing/stargazers-corner/red-light-filter-for-iphone/. Para un teléfono Android, prueba la app "Twilight."

Una pequeña grabadora de voz digital también funcionaría. Olympus hace algunas pequeñas que son populares.

EQUIPO

Silla o Manta y Almohada
Lleva algo para sentarte. Mi silla favorita es una silla de playa plegable de media altura que puede reclinarse para que realmente puedas relajarte y ver mucho cielo. Son ligeras y puedes encontrar modelos que tienen correas de mochila y compartimentos con cremallera para equipo. ¡Muy práctico! Otros en nuestro grupo usan sillas de gravedad cero, que son incluso más cómodas y durarán un eón, aunque son pesadas. En un césped normal, una silla normal para el jardín o para camping funciona muy bien. Una manta también funciona muy bien.

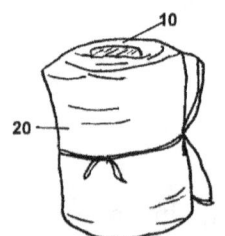

Bolsa de dormir
Las bolsas o sacos de dormir son mucho más cálidos que una manta. Incluso en el día más caluroso en verano la temperatura puede caer en picada. Ten en cuenta que cuando no estás en movimiento es mucho más frío de lo que normalmente puedes soportar. Nos encanta ponernos tan cómodos en nuestros sacos de dormir que podríamos quedarnos dormidos.

Ropa Abrigada
Usa tu equipo de invierno completo: ropa para exterior que te protege del frío como los abrigos de plumas (hechos sin crueldad), pantalones para la nieve, pantalones largos o polainas debajo de los pantalones, guantes/mitones amigables para uso de dispositivos, un gorro, etc. Si el clima del lugar en el que vives es cálido probablemente con algo ligero tendrás suficiente.

Linterna
Es muy útil tener una linterna frontal. De lo contrario, usa una linterna o tu teléfono para ver por donde caminas. Usar una luz roja es aconsejable. Los astrónomos usan luces rojas durante sus fiestas estelares para preservar su visión nocturna natural.

Repelente de Mosquitos
Los extraterrestres no parecen tener mucha influencia para alejar los mosquitos, lo que puede arruinar un CE-5 si no tienes sentido del humor al respecto. Recuerda traer repelente natural o de otro tipo y estarás bien.

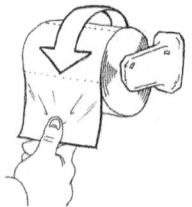

Papel Higiénico
Para pausas biológicas durante CE-5s remotos.

Instrumentos
Cuencos, didgeridoos, campanas, platillos tibetanos, etc.

Artículos Sagrados
Cristales u otros artículos personales de importancia. Puedes colocarlos en una mesa al centro del círculo.

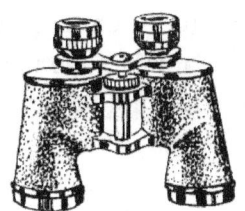
Binoculares o Prismáticos
Para discernir formas de ovnis cercanos. Lleva un par ligero o monta un par pesado en un tripié. También es bueno tener un par de binoculares estabilizadores de imagen (IS), pero cuestan más.

Binoculares/Gafas/Monoculares de Visión Nocturna

No es una obligación, pero está en la lista de deseos de casi todos. Con estos puedes ver orbes y otros fenómenos. Un amigo mío, mientras usaba unos, vio una criatura alada que voló hacia él, después de lo cual gritó: "¡Acabo de ver una &%# hada!" (El decoro a menudo se pierde en el campo cuando la realidad de uno explota). Los mejores son los de grado militar, también conocidos como Gen 3. Cuestan muchos miles de dólares. Las variedades digitales serán más asequibles. Elige gafas de visión nocturna que sean ligeras y considera la conveniencia de tener un par que se puedan mantener unidas a la cabeza con una banda. Muchos dispositivos de visión nocturna tienen la capacidad de registrar foto/video: en la sección sobre Cámaras de Video de Visión Nocturna encontrarás recomendaciones específicas.

Dispositivo y Altavoces para Reproducir Meditaciones/Tonos de Círculo de Cosecha/Canciones
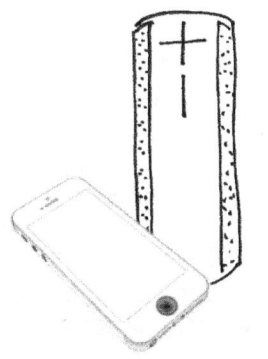
Nosotros usamos nuestros teléfonos para reproducir archivos de sonido. También podrías usar un reproductor de música. También tengo un altavoz, el Boom 2, que es fantástico y fantásticamente costoso ($300) Diría que vale la pena conseguirlo; es una de mis posesiones favoritas. Para meditaciones, canciones, etc., una forma fácil de obtenerlas es encontrarlas en YouTube, copia la URL, luego ve a un sitio web que haga la conversión de un archivo de YouTube a mp3, de los cuales hay muchos. Descarga el mp3 recién creado en la biblioteca de tu computadora desde donde puedes sincronizarlo con tu teléfono.

NO USES UN PUNTERO LÁSER
(A menos que leas estas páginas con mucho, mucho cuidado…)

Los punteros láser son útiles y divertidos, pero también pueden ser muy peligrosos. DEBES ser extremadamente cuidadoso. El daño ocular temporal o permanente es un peligro real. Tienes tres opciones:

1. Asigna solo una o dos personas con experiencia y extremadamente cautelosas asignadas para usar punteros láseres potentes (más de 5 mW). Esta opción **apenas** y se recomienda; incluso un experto que conoce los verdaderos peligros de los punteros láser puede cometer un error.

2. Permite el uso de láseres potentes solo si hay lentes adecuados para todos en tu grupo. (Estos pueden reducir la capacidad de ver estrellas / luces en la oscuridad. Aunque no lo hemos probado.) A menudo, los láseres portátiles vendrán empaquetados junto con lentes de seguridad, pero serán demasiado oscuros. Vea abajo/sigue leyendo.

3. La opción más simple es hacer que sea una regla del grupo mantener todos los láseres por debajo de 5 mW (mW =milivatios) y renunciar a las gafas. Un láser que sepas que tiene una GARANTÍA de 5 mW o menos no causará daño biológico Sí, estos punteros láser están en el lado más débil. No serás el que tenga lo último en láseres, pero son más que adecuados en condiciones de oscuridad. Lee más sobre la necesidad de la garantía:

¡SOLO compra de vendedores que puedan garantizar la salida óptica indicada! Un estudio de 2013 encontró que el 90% de los punteros láser están sobre especificados. Los punteros láser también pueden estar fácilmente por debajo de las especificaciones. Los punteros láser baratos no tienen una fuente de alimentación estable, por lo que no se pueden probar de manera confiable. Tampoco quieres un puntero láser barato porque pueden carecer de un filtro infrarrojo, que, sin ser demasiado técnica y complicada, es más arriesgado usarlo alrededor de superficies reflejantes. En cuanto al color, elige el verde (532 nm). Esta longitud de onda es mejor para el ojo adaptado a la oscuridad y parece 35 veces más brillante que los láseres rojos de igual intensidad.

¡NUNCA apuntes a un avión o helicóptero o cualquier cosa que pienses que podría ser una nave humana! Este es un delito federal: aquí en Canadá te darían una multa de $100,000 y/o 5 años de prisión. En Estados Unidos, puedes encontrarte con una multa de más de $250,000 y/o una sentencia de prisión de hasta 25 años. Por supuesto que no quieres el castigo, pero lo que realmente no quieres es dejar ciego a un piloto. Siguiendo el tema, al señalar cualquier OVNI con un puntero láser, dibuja un gran círculo alrededor de él (o señala a un lado). No lo apuntes directamente, incluso si estás seguro de que no es una nave humana. Los extraterrestres también tienen ojos. Supongo, tal vez.

Lentes de Seguridad:
Nunca hemos usado anteojos de seguridad, pero si los pruebas, necesitarás anteojos específicos para el color y la intensidad del puntero láser y que estén hechos para usar en la noche. Esta página tiene un buen análisis de gafas de seguridad para uso de aviadores (en oposición a los técnicos de laboratorio): http://www.laserpointersafety.com/laserglasses/laserglasses.html Las opciones en esa página incluyen: Laser-Gard de Sperian ($99 USD) y Flash Fighters ($239 USD).

17 vendedores de buena reputación para punteros láser:

Zbolt   http://www.z-bolt.com/
- "Puntero láser verde con encendido y apagado constante" $48 USD, baterías AAA, garantizados para estar entre 4mW y 5mW.
- "Astronomy Green Laser" $58 USD, baterías CR123A. (Estas son baterías de litio, que funcionan mejor en frío que las alcalinas.) Garantizado para estar entre 4mW y 5mW.

Laserglow   https://www.laserglow.com
- "Anser Series" 5mW 532nm $39 USD, baterías AAA, garantizados para estar entre 3mW and 5mW. Si llegas a ordenar uno y además les solicitas atención en el formulario de comentarios, puedes lograr que escojan uno para ti entre 4.5mW y 5mW.
- Tienen lentes de seguridad y recomiendan el modelo de piloto Glareshield para usar de noche. "AGS5323PX" aquí: https://www.laserglow.com/AGS.

Laser Points   http://www.laserpoints.com
- "SKY 5mW 532nm Green Laser Pointer Pen" $39.99 USD, baterías AAA. Cuando hagas la orden, pídeles que lo prueben para que esté entre 4mW y 5mW e instala un filtro infrarrojo.

Laser Classroom   http://store.laserclassroom.com/
- "Classroom Green Laser Pointer" $35 USD, baterías AAA. Dicen que lo garantizan estar entre 3mW y 5mW. Confirma ese dato al hacer tu pedido.
- Este sitio también vende un proyector holográfico genial para tu teléfono celular por solo $15 USD.

Uso seguro

¡Ahora repasemos lo útil que es usar un puntero láser! Son super divertidos.
- Muestra al grupo los puntos cardinales de la brújula: norte, sur, este, oeste.
- Al igual que los astrónomos en una fiesta estelar, úsalo para señalar objetos celestes, estrellas, constelaciones, planetas y demás.
- Los punteros láser son buenos para señalar anomalías en el cielo nocturno, como el lugar en el que una luz se acaba de apagar, pequeños supuestos satélites que son difíciles de ver, etc.
- En el protocolo CSETI original, los punteros láser se utilizan para señalar la ubicación exacta del grupo: "¡NOSOTROS ESTAMOS AQUÍ!" Para hacer esto, dibuja un patrón inteligente en el cielo nocturno, como un triángulo, círculo o el símbolo del infinito. También puedes flashear el puntero láser una vez para cada palabra: Nosotros - Estamos - Aquí. Haz esto al comienzo del trabajo de campo y nuevamente cada tanto. Mostrar tu ubicación a los ETs es divertido, pero innecesario: ellos saben dónde estás.
- Puedes señalar a un OVNI que estás seguro de que no es terrestre (señala a un lado para estar seguro). Utiliza un patrón coherente y simple (por ejemplo, tres pulsos cortos). Si recibes una señal de regreso, devuelve la señal. ¡Felicidades, acabas de lograr una 'interacción' con la nave! Luego puedes señalar el lugar de aterrizaje que has preseleccionado en el que te gustaría que aterrizara una nave, si es que tienes tanta suerte.
- Consejo: los punteros láser que funcionan con baterías delgadas triple A pueden enfriarse. Calienta el puntero láser en tu mano para mejorar el rendimiento.

APPS

Existen varias aplicaciones útiles para teléfonos iOS y Android que pueden beneficiar tu trabajo de contacto. Entre otras cosas, algunas aplicaciones pueden ayudar a descartar las naves/artefactos humanos en el cielo. Si puedes, intenta encontrar aplicaciones que no requieren una conexión a Internet para funcionar, y luego haz que todos cambien sus teléfonos al modo avión mientras están en el campo, de modo que si se utilizan dispositivos electrónicos (más información sobre ellos a continuación), habrá menos posibilidades de interferencia electromagnética. Hay muchas versiones de aplicaciones para cada categoría mencionada a continuación. (A medida que la tecnología evoluciona, las aplicaciones vienen y van, pero haremos todo lo posible para recomendarte algunas para comenzar. Si encuentras algo mejor, ¡háznoslo saber!) La mayoría tienen la capacidad de permitirte probarlas para ver si te gustan antes de comprarlas. Aunque muchas son gratis, es posible que debas pagar un poco de dinero por aplicaciones más sofisticadas o pagar para acceder a más beneficios. Revisa los comentarios.

Rastreador Satelital
Encuentra una aplicación de rastreo satelital que muestre el nombre del satélite en tiempo real cuando lo señales, haciendo fácil su identificación. Algunas aplicaciones satelitales se conectan a una base de datos, por lo que puede ser que necesites acceso a Internet mientras estás en el campo; algunas no. Ten en cuenta que los satélites militares o espías probablemente no aparecerán. Revisa las siguientes: SkySafari 5 (iOS/Android), Sky Guide AR (iOS), Stellarium Mobile (iOS/Android)

Rastreador de aviones
Estas aplicaciones muestran los aviones registrados que están volando cerca de ti, junto con su ruta de vuelo, origen, destino, tipo de avión y altitud, etc. Pero, por razones obvias de seguridad, no rastreará naves militares, por lo que no verás aviones espías, aviones de combate o de la Fuerza Aérea. Echa un vistazo a las siguientes: FlightRadar24 (iOS/Android), Plane Finder-Flight Tracker (iOS), Planes Live (iOS)

Rastreador de Destellos Iridium: Históricamente divertido, ahora desaparecido
Los Destellos Iridium ahora tristemente son cosa del pasado. La primera generación de estos satélites, lanzada por primera vez en 1997, tenía antenas del tamaño de una puerta con forma de espejo que se inclinaban perfectamente para brillar intensamente en el cielo nocturno cuando el sol se reflejaba momentáneamente sobre ellos. La segunda generación, llamada "Iridium NEXT", tiene una nueva geometría en su diseño y no se espera que brille. *Posiblemente* aún veas algún destello pequeño, sin embargo, los satélites no están siendo tan estrictamente controlados como anteriormente, por lo que no se realizarán cálculos para determinar el tiempo de paso. El nuevo tipo se ha implementado completamente. Entonces, si ya tienes esta aplicación, puedes eliminarla hasta nuevo aviso.

Constellation App (Aplicación Constelación)
Conoce tus constelaciones, planetas y estrellas. Algunas aplicaciones muestran de manera adicional dónde se encuentra el telescopio Hubble y la Estación Espacial Internacional (ISS). ¿Sabías que la Estación Espacial Internacional es un laboratorio de investigación que tiene de 3 a 10 humanos de varios países al mismo tiempo? Astronautas, cosmonautas y turistas espaciales de 17 naciones diferentes lo han visitado. Ha estado ocupado continuamente desde noviembre de 2000. Echa un vistazo a: SkyView Free (iOS/Android), Sky Map (Android), Sky Walk 2 (iOS/Android), Night Sky (iOS), Night Sky Lite (Android), Stellarium Mobile (iOS/Android), Sky Guide AR (iOS), Sky Rover (iOS)

Equipo: Apps

Mapa de Contaminación Lumínica

Excelente para ayudarte a ubicar un sitio de campo oscuro relativamente libre de contaminación lumínica. Todos queremos ver más de la Vía Láctea, ¿verdad? Echa un vistazo a: Light Pollution Map (iOS/ Android), Dark Sky Finder (iOS), Dark Sky Map (Android), Scope Nights (iOS)

Pronóstico del tiempo/Condiciones del cielo

Pronósticos meteorológicos confiables para astrónomos con énfasis en la cobertura de nubes. Echa un vistazo a: Weather Underground (iOS/Android), Clear Outside (iOS/Android), Astro Panel (Android), Scope Nights (iOS)

Aplicación de grabación de sonido digital

Para grabar el trabajo de campo, reuniones o simplemente dictar notas. Echa un vistazo a: Smart Recorder (iOS, Android), iTalk Recorder (iOS)

ET Contact Tool

Hecha por CSETI, esta aplicación tiene meditaciones, tonos de círculo de cosecha, un magnetómetro, una brújula e instrucciones sobre cómo usar la aplicación y hacer trabajo de campo en general. (iOS/Android)

Entrenador ESP

La NASA y el Instituto de Investigación de Stanford desarrollaron esta aplicación. Su propósito es mejorar tus habilidades psíquicas. En un programa de la NASA de un año de duración, 145 sujetos mejoraron sus puntajes, y 4 de estos mejoraron sus puntajes del 100 al 1 o mejor. Si frecuentemente logras hacer 12 puntos o más, escribe al desarrollador: http://www.dojopsi.com/contactrussell.cfm (iOS)

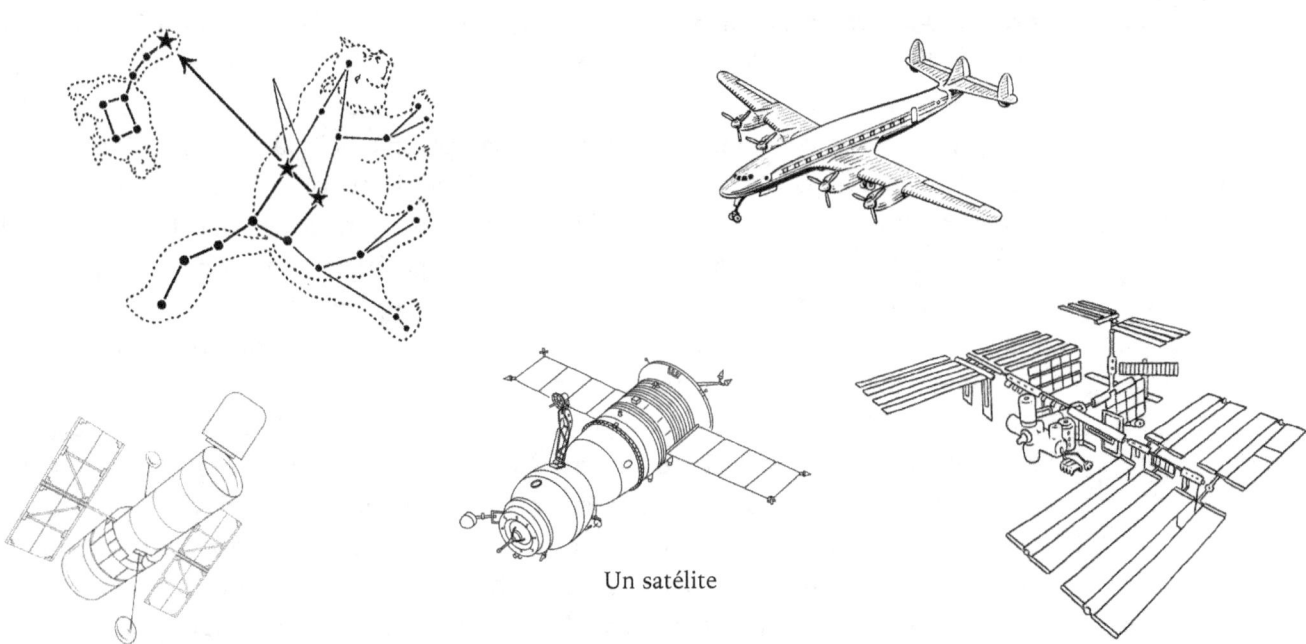

Telescopio Hubble
Imagen tomada de:
http://www.supercoloring.com/coloring-pages/hubble-space-telescope

Un satélite

Estación Espacial

EQUIPO CON EL QUE PUEDES RECIBIR COMUNICACIÓN

Nuestro grupo no es muy técnico. La mayor parte de la información a continuación proviene de nuestra mentora experta en tecnología Deb Warren, de Vernon, BC, quien ha estado haciendo CE-5 durante muchos años.

Muchas personas que hacen CE-5 usan una variedad de dispositivos para escuchar los ETs. Lo que haces con estos artilugios es encender uno, tal vez ajustar algunas configuraciones y luego esperar a que emita un sonido o un pitido o haga lo que sea que tenga que hacer. Estos dispositivos no pueden activarse solos. Deben tener alguna entrada externa para que puedan responder. Convéncete de eso. No hay nada en una locación remota que pueda activar estos dispositivos. Pregunta a un doctor experto en ciencias electromagnéticas.

- Cuando usen algún equipo, apaguen sus teléfonos celulares y apaguen cualquier televisor cercano.
- La actividad del dispositivo a veces corresponderá con los avistamientos.
- Decodificación de transmisiones ET:
  - Un "Beep" (pitido) = No (O silencio en un contador Geiger)
  - "Beep Beep" = Si
  - "Beep Beep Beep" = "Nosotros estamos aquí"

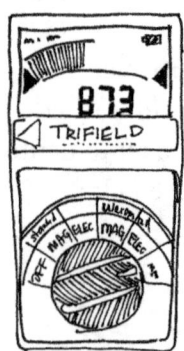

Medidor EMF (Electromagnetic Fields) $21 - $245 USD
Un medidor EMF (también conocido como magnetómetro o medidor Trifield) detecta campos emitidos por objetos cargados eléctricamente. En la vida cotidiana, los medidores EMF se usan para diagnosticar problemas con el cableado eléctrico, líneas eléctricas y la eficacia de blindaje eléctrico. Entonces, si estás en medio de la nada y uno se activa... eso es raro.

El medidor Trifield 100XE de AlphaLab Inc. fue el estándar para muchos grupos CE-5. AlphaLab ahora tiene un nuevo modelo, el TF2: https://www.trifield.com/product/trifield-medidor de fem / $ 168 USD. El nuevo modelo "emite un pitido" en lugar de "cantar". Si prefieres sonido analógico y estás buscando un modelo antiguo, asegúrate de confirmar con el vendedor que lo que estás comprando viene con sonido, ya que era una opción adicional. (Un medidor con sonido tiene una perilla de 'silenciador' en el lado derecho.) Si tienes suerte, puedes encontrar uno con una luz roja también, que es útil para ver en la oscuridad cuando hay una lectura. Los nuevos no vienen con una opción para la luz roja. Si crees que esto sería una mejora al dispositivo, dílo cuando hagas el pedido, ya que el fabricante agradece la retroalimentación y la toma en cuenta y ya ha mejorado los niveles de sonido para el TF2 desde la primera producción.
Ajusta el modelo anterior en "Rango magnético de 0 a 3" y el nuevo en "Ponderado Magnético". Detecta los campos magnéticos humanos, así que asegúrate de tenerlo lo suficientemente bajo como para no estar leyendo a personas cercanas. Ajustalo tan bajo como para que, si pones tu mano cerca de él, haga un sonido. Después, mantente alejado del dispositivo. Posteriormente, si hace un sonido sin que alguien se acerque para tocarlo, hay un cambio anómalo en el campo magnético. Puedes probar tu dispositivo configurándolo en un ambiente aislado y luego acercándote a un dispositivo electrónico como una toma de corriente, un televisor o un microondas.

Equipo: Con el que puedes recibir comunicación

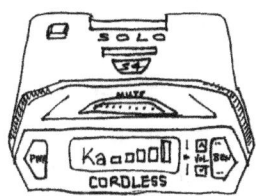

Detector de Radar Portátil $70 - $300 USD
Cualquier detector de radar de automóvil sería adecuado. Cuando los ET envían una transmisión, hace un sonido muy diferente y distintivo que cuando está en funcionamiento normal mientras manejas por la carretera. Configúralos ya sea para autopista (más sensible) o ciudad (menos sensible). Si tienes más de dos, realiza algunas pruebas por adelantado para asegurarte de que no se afectan el uno al otro. En el campo, no apuntes sus lentes uno hacia el otro ya que podría generar un falso positivo. Prueba la unidad S4:
https://www.escortradar.com/collections/portable-detectors/
O intenta http://www.radarsource.com.

Contador Gamma Scout Geiger $100 - 440 USD
Bueno para captar radiación ionizada y puede detectar naves extraterrestres no visibles o rastros de un aterrizaje. Los ET también pueden usarlo como una herramienta de comunicación, sonará aleatoriamente mientras está funcionando, pero duplicará hasta dos pitidos para decir "Sí" o se mantendrá silencioso si la respuesta es "No". La versión recargable solo necesita cargarse una vez cada tres años.
https://www.gammascout.com/collections/geiger-counters

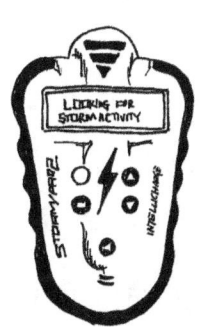

Detector de Rayos Portátil: $26 - $499 USD
Un rastreador de tormentas se usa normalmente para detectar rayos a una distancia de hasta 80 kilómetros de distancia. Si el dispositivo detecta de repente un rayo, en realidad puede significar que una nave ET ha aparecido de repente emitiendo una potente descarga eléctrica. En abril de 2012 durante un entrenamiento en la isla Marcos Florida, Deb Warren tuvo la experiencia de ver un rayo en forma de pelota sin sonido a unos pocos kilómetros de distancia, con el rastreador de tormentas sin activarse para nada. Después, la noche siguiente, hubo una tormenta eléctrica que comenzó a 40 kilómetros de distancia, acercándose a ellos a menos de 1.5 kilómetros, con el rastreador de tormentas sonando a cada rayo. Los extraterrestres estaban interfiriendo con algo la primera noche, y para poder comparar, permitieron que una tormenta real pasara la noche siguiente. Para comprar:
https://www.ambientweather.com/sptb2iy.html

Termómetro Digital para Exteriores: empezando en $12.99 USD
Monitorea la temperatura del aire y el nivel de humedad durante el trabajo de campo. Si la temperatura del aire aumenta repentinamente, puede indicar que una nave ET está flotando directamente encima; y aún más genial, que el grupo pudiera estar dentro de una nave desmaterializada. Disponible prácticamente en cualquier parte.

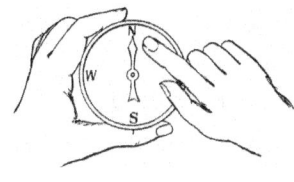

Brújula: empezando en ~$10 USD
Se puede usar una simple brújula. Cuando se ve afectada, se desplazará hacia el sur en lugar del norte.

DISPOSITIVOS PARA REGISTRAR O GRABAR AVISTAMIENTOS

¿Sabes por qué la mayoría de las imágenes de OVNIs son borrosas, temblorosas, incompletas, etc.? Porque es muy difícil de conseguir filmar a un OVNI, por eso. Es la mitad de la noche, no puedes ver nada, tienes tus guantes puestos, olvidaste qué botón hace que, ni siquiera puedes encontrar el OVNI en el cuadro de la imagen. Cuando lo encuentras, no logras rastrearlo porque estás muy emocionado o porque tu cámara está tan enfocada que es como mirar a través de un microscopio a una ameba a la velocidad de un rayo. Tan pronto como el OVNI se sale del encuadre (porque estás sacudiendo la cámara o perdido tratando de mantener la vista en él para que puedas participar en el avistamiento también), debes encontrarlo nuevamente. Personalmente he renunciado a obtener imágenes y tratar de liderar un grupo al mismo tiempo; es demasiado complicado. Si te llegas a sentir tan desconcertado como yo, delega el trabajo a otra persona o ten un co-líder o una dinámica grupal que también te permita tiempo para trabajar con el equipo.

Cámara de Video de Visión Nocturna

Luna LN-DM50-HRSD ~$400 USD

- Nosotros tenemos este. Es útil tener visión nocturna y la grabadora de video en un solo dispositivo, pero está muy amplificado así que solo se graba una pequeña fracción del cielo. Usarlo es como apuntar una linterna a uno de tus ojos, por lo que ir y venir entre la observación del cielo y la documentación es, de alguna manera, un reto. http://www.lunaoptics.com/

Bushnell Equinox Z ~$340 USD

- Un monocular de visión nocturna con capacidad de registrar foto/video. Se devora las baterías, pero con una batería externa como Limefuel Blast L60X por $30 USD, dura horas y horas. http://www.bushnell.com/

Digiforce X970 ~$760 USD

- Esta es la última oferta del fabricante Pulsar, con capacidad de registrar foto/video. Incluye rango para encontrar retículas. No sabemos lo que eso significa, pero suena bien. http://pulsarnv.com/

iGen 20/20 ~$399 USD

- Puedes considerar esta cámara para un campo de visión más amplio. Aunque es más baja en sensibilidad que la X970 de arriba, la lente iGen está roscada para poder montar teleobjetivos o lentes de gran angular. http://www.nightowloptics.com/index.php

Ranger RT ~ $900 USD

- Hemos escuchado buenas críticas sobre el Yukon Ranger Pro, aunque está descontinuado. Si no puedes encontrar uno en la casa de empeño, investiga los otros dispositivos de visión nocturna en la serie Ranger vendida por Óptica Yukon. http://yukonopticsglobal.com/products/

Cámara Infrarroja, empezando en $100 USD

Puedes obtener una cámara infrarroja Bell and Howell barata de Amazon o eBay. Funciona bien. Términos de búsqueda: "Cámara de visión nocturna IR Bell Howell"

Cámara Tradicional

- Puedes usar tu cámara normal para capturar fotos o videos de OVNIs. Para mejores resultados, usa una cámara con ISO alto.
- Una vez tomé varias fotos del cielo tratando de averiguar si una de las "estrellas" que estaba viendo se estaba moviendo en círculos sobre mí. Nunca supe si estaba imaginando eso o no, porque después de descargar las fotos a mi computadora me interesé mucho más en el OVNI rojo y blanco brillante que mágicamente apareció en el cuadro. Estaba usando mi pequeña cámara SONY Rx 100 iii, Max ISO 128,000.
- Nuestra mentora de CE-5, Deb Warren, tiene buenos resultados con su Canon D5 Mark 2 ISO 25,000. Para ver una muestra de sus fotos, Googlea: "CSETI Joshua Tree jewel-like ET Craft" ("CSETI Joshua Tree, nave ET de forma similar a una joya")
- El famoso video de las Naves Gemelas de Vero Beach fue filmado con una Sony A7S. Esta línea de cámaras tiene notables capacidades de poca luz, ISO 100,00 a 400,000.

Cámara Específica para Capturar Orbes:

Si lo tuyo es tomar fotos de la actividad de orbes, las cámaras digitales más antiguas que no tienen tecnología de 'espejo caliente' (filtros infrarrojos) funcionan mejor. Usa flash. En el libro *The Orb Project*, los investigadores utilizaron una Pentax Optio 330 y una Nikon Coolpix 8800. Alguien en nuestro grupo usa la Canon PowerShot sd1100IS con buen éxito. Para consejos sobre cómo tomar fotos de orbes visita: https://orbwhisperer.com/orb-photography-tips.

Luz Infrarroja $15 – 30 USD

Una luz infrarroja simple que se use por la noche te ayuda a ver mejor los orbes cuando usas tus gafas/cámara de visión nocturna o tu cámara o grabadora de video normales.

Cómo Capturar Fenómenos en Imágenes

Algunos fenómenos aparecerán en las fotos que no puedes ver al momento en que tomas la foto. Cualquier cámara funcionará para esto. Instrucciones:

- Intenta capturar fenómenos no físicos y/o ET.
- El anochecer es un momento especialmente bueno para hacer esto.
- Medita, enfócate en comunicarte, siente la energía fluir.
- Luego toma fotos al azar del área y el cielo.
- Si estás adentro, intenta tomar fotografías de una habitación con poca luz con flash. Apunta a áreas como esquinas, así como fondos que no son blancos, ya que serán más fáciles de ver al revisar.
- Según se dice, una cámara en particular se calibrará según su intención y capturará más fenómenos mientras más lo uses para este propósito.

Equipo

FOTOGRAFÍAS

Aquí hay algunas fotos tomadas por personas de nuestro grupo y varios contribuyentes a este manual:

Dos formas grises anómalas, área de Calgary, noviembre de 2016.

Energia anomala invisible al ojo.
Lago Motosu, Japon, Marzo 21, 2015.

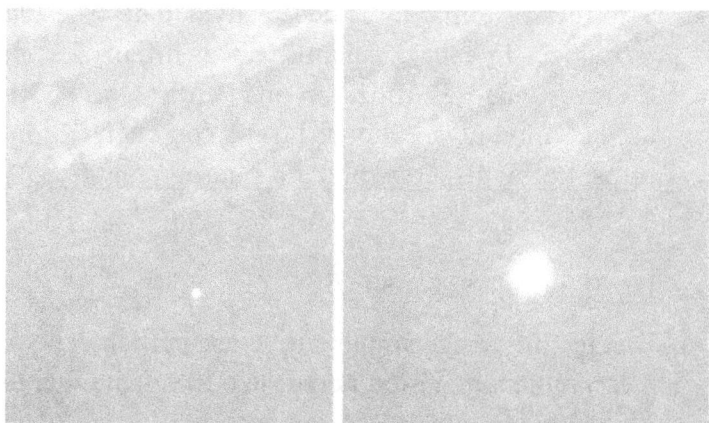

Una luz intermitente en el Monte Adams, antes y durante el destello. No existen calles que suban a este lugar. La magnitud de su brillo también fue anómala. ECETI, Estado de Washington, mayo de 2018. (Nota: dispositivos de visión nocturna, como el monocular Luna Optics utilizados para recopilar estas imágenes, graban luces y potenciadores más brillantes de lo que se ven a simple vista).

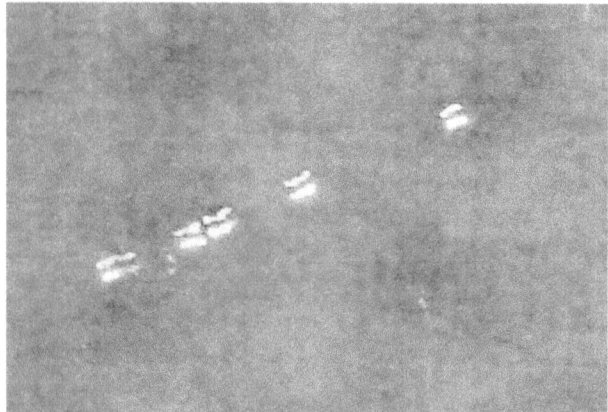

Cinco fotos en capas de una nave en movimiento que no se ve a simple vista, Monte Shasta, California, julio de 2016.

Multitud de orbes, ECETI, Estado de Washington, mayo de 2018.

Equipo: Fotografías

Dos OVNIs viajando hacia una casa, vistos por múltiples testigos. Volcano, California, noviembre de 2016

OVNI tipo platillo clásico, Tokio, Japón, noviembre de 2016.

Según se dice, los OVNIs a veces se esconden como nubes. ECETI, Estado de Washington, julio de 2017.

Horizonte visto a través de la cabeza de Keiko, ECETI, Estado de Washington, mayo de 2018.

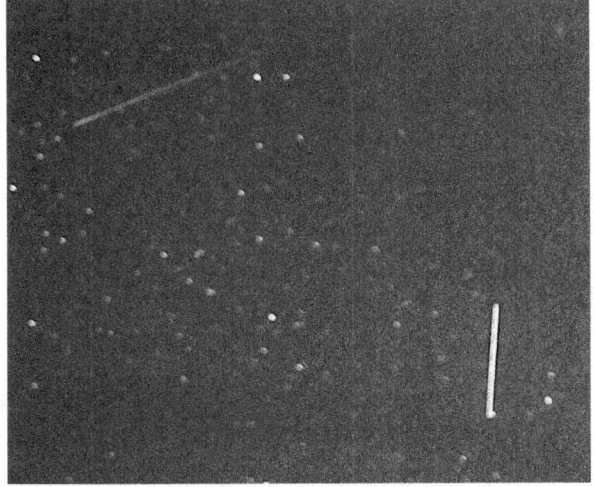

Una raya y un supuesto satélite brillante, área de Calgary, agosto de 2017.

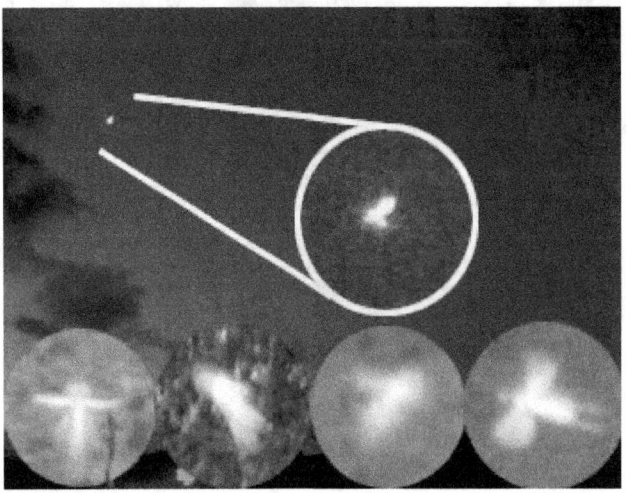

Luces anómalas, invisibles a la vista, ECETI, Estado de Washington, mayo 2018, y Buffalo Lake, Alberta, julio de 2018.

COMUNICACIÓN INTERNA

Debido a que esta experiencia se trata más de crecimiento que de avistamientos, espera tener más experiencias internas que externas, especialmente al principio. Esto ocurrirá no solo durante CE-5, sino también durante tu estado de sueño, meditación y en tu vida diaria. Sabrás que te estás expandiendo cuando te sientas mejor y mejor. La forma en que das y recibes amor será incondicional, dependerá solo de tus creencias/estado y no de otros/circunstancias fuera de tu control. Esta sección es notablemente más corta que la parte de Comunicaciones Externas. Las experiencias internas son íntimas, exclusivas de cada persona y, por lo general, imposibles de transmitir por completo. Así que aquí lo mantenemos breve y dulce y te invitamos a ir hacia tu interior.

Básicamente: la comunicación interna y la interacción vendrán a través de tus cinco sentidos. Si eres nuevo en cuanto a tu capacidad psíquica latente, entonces necesitarás algo de práctica para comenzar a estar consciente de estas experiencias:

- Clarividencia: ver una visión, un símbolo, auras, energía, luces, etc. Puede estar en tu mente, o puede parecer completamente real.
- Clariaudiencia: escuchar una voz, ruido, sonido, música, etc. Esto puede incluir zumbidos en los oídos. Puede ser una palabra, una oración o una descarga de información que traduces. Puede sonar como tus pensamientos, "una voz en tu cabeza" o una voz hablándote al oído.
- Clarisentencia: sentir algo en/sobre/cerca del cuerpo: sensaciones, energía, tacto, emociones, vibras, presencia, etc. Una vez más, puede ser sutil o puedes sentirlo de manera concreta.
- Clariolfato: oler algo que otros no pueden percibir.
- Clarigustación: probar algo que otros no pueden percibir.

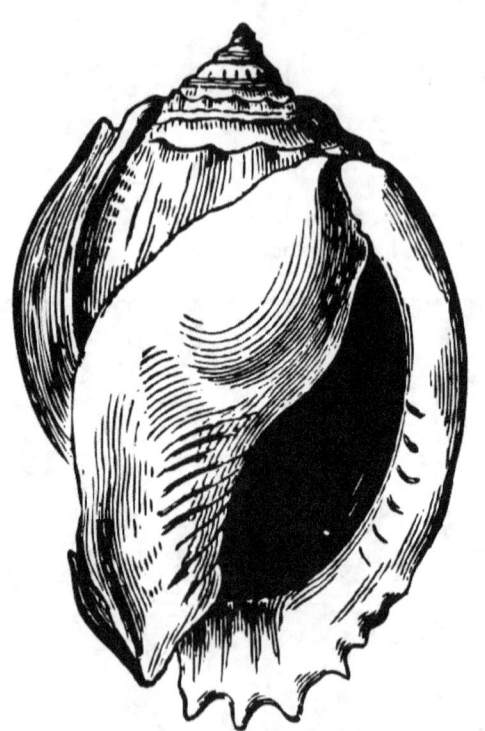

Puedes tener varias formas de comunicación psíquica al mismo tiempo. Es posible que tengas una interacción completa con un ser. Esto podría suceder más fácilmente en un estado de onda cerebral alfa o theta, en meditación, en tus sueños, o en el estado entre dormir y despertar. Es posible que tengas una experiencia que se sienta completamente física y real y luego darte cuenta de que no es así porque las demás personas no pueden percibirlo. Las sincronicidades pueden amplificarse. Puedes tener sensaciones corporales indicativas de descargas de energía, actualizaciones o curaciones.

Practica tus habilidades psíquicas: cuando suene el teléfono, adivina quién es. Cuando tengas que elegir algo en tu vida, pide orientación y sigue tu intuición. Obtén la app *ESP Trainer*. Aprende más sobre los sueños lúcidos e invita una experiencia/ET a encontrarte allí.

Comunicaciones específicas

Descarga de energía:
En el campo, de repente puedes comenzar a sentir ondas de energía fluir hacia arriba o hacia abajo por tu cuerpo, que se intensifican lentamente Mientras tanto, puedes sentir una sensación de hormigueo en la punta de los dedos y en los pies y/o espasmos musculares en tu torso. También puedes sentir un poco de náuseas y tener dificultad para respirar. Todas estas señales pueden indicar que estás experimentando algún tipo de descarga energética. Si esto sucede, ánclate a la tierra tú mismo. Dale a la energía un lugar para ir. Planta tus pies firmemente en el suelo, idealmente sin zapatos. O puedes tomarte de la mano con otros miembros del grupo. Alternativamente, puedes sostener un cristal grande, si es que tienes uno, o abrazar un árbol grande. Intenta respirar profundamente y mantenerte calmado y relajado. Puede llegar a sentirse inquietante y desagradable, pero acepta esta energía como un regalo especial. Eso puede significar que estás recibiendo una recalibración energética, una actualización de ADN, una limpieza de chakras o una curación especial. También podría significar que tu cuerpo se está utilizando como un conducto para dispensar energía curativa de altas dimensiones en la tierra. Sea lo que sea, disfrutarás de una clara sensación de apertura energética, despertar y euforia en un día o dos. Algunas personas han reportado cómo esta experiencia única ha transformado permanentemente su vida de una manera profunda y positiva.

Fusionándote:
Mientras estás en un estado relajado y de alta vibración, de repente puedes sentir calor, mareo, hormigueo o bellas sensaciones internas desarrollándose, moviéndose y fluyendo lentamente a través de tu cuerpo. Esto puede indicar que estás experimentando una fusión; es decir, un ser desmaterializado está interactuando con tu campo bio - eléctrico. Es una forma segura de que un ser te confirme su presencia en un nivel energético. Sin embargo, es tu decisión, a través de tu intención, de acoger y mantener esta interacción o interrumpirla. La elección es tuya. La entidad también puede expresar curiosidad y elegir explorar, estudiar o conectar con tu cuerpo físico y tus cuerpos de energía sutil. También puede haber una curación involucrada. Para muchos, esta conexión es un regalo único.

"¿Es mi imaginación o una experiencia psíquica real?" La respuesta no es tan importante como lo es tu experiencia; tiene un significado personal de cualquier manera. Sin embargo, a medida que practiques, conocerás la diferencia. Cuando te conviertas en un canal realmente claro, será obvio para ti cuando en tu experiencia se inserte comunicación. Si estás en un CE-5, no te avergüences, continúa y comparte tu experiencia con el grupo tanto si conoces el origen o no. En ciencia tienes que ser valiente. Puedes darles la advertencia de que no lo sabes. Tu experiencia puede ser importante para alguien en el grupo.

COMUNICACIÓN EXTERNA

Supuestos satélites

Todos los satélites se denominan "supuestos" para indicar que realmente no sabemos qué es a menos que se pruebe. Los satélites viajan a través del cielo a un ritmo lento y a veces pueden brillar cuando el sol se refleja en equipos como los paneles solares. Los satélites NOSS o similares a NOSS (Sistema de Vigilancia Naval del Océano) vienen en pares o tríos. Discernir la veracidad de los satélites es un esfuerzo divertido. Aquí hay algunos puntos en el debate. No pierdas demasiado tiempo en esto ni lo tomes demasiado en serio, ya que los avistamientos verdaderamente innegables están en tu futuro.

- Los satélites varían en tamaño desde un melón hasta una camioneta grande, y la distancia en órbita desde la tierra varía de 180 km a 35,000 km. ¿Qué tamaños de satélites se pueden ver a simple vista?
- La Estación Espacial Internacional (ISS) tiene el tamaño de un campo de fútbol y solo 400 km de altura. Eso es visible. (En realidad no es un satélite: es un laboratorio de ciencias con 3 a 10 astronautas que residen en su interior en cualquier momento, genial ¿eh?)
- Un satélite Iridium tiene el tamaño de un camión, 780 km de altura y apenas es visible. (La primera generación de estos satélites solía producir una llamarada muy visible. Lamentablemente, la segunda generación, ahora completamente desplegada, no se espera que brille).
- Movimiento: la mayoría de los satélites se mueven en una dirección: con la rotación de la Tierra que va de oeste a este. Los militares se mueven perpendicularmente a esto: Norte a Sur (o Sur a Norte). No hay muchos satélites que van de este a oeste porque es más costoso lanzarlos en órbita retrógrada.
- Una forma de averiguar con certeza si un satélite es "supuesto" o no, es pedirle que se encienda o que cambie de dirección. Reúnan sus mentes y corazones y pídanlo: ¡los grupos han sido respondidos!
- Algunos supuestos satélites "guiñan" o "centellean" brillantemente. Podría ser un satélite que se está moviendo a través del espacio, reflejando el sol desde una parte brillante. O no.
- Algunas noches vemos TANTOS supuestos satélites; otras noches casi no vemos nada. Nosotros podríamos intentar profundizar más en esto con una app satelital, pero nuevamente, hay basura espacial. Nos rendimos con este tema y mejor dejamos que el "supuesto satélite" hable por sí mismo.

Supuestos meteoritos también conocidos como estrellas fugaces o "rayas" (streaker en inglés)

- También se denominan "supuestos" porque no se pueden probar de una forma u otra. Lo más extraño de los meteoritos es la gran cantidad de ellos que pueden ocurrir en una noche de CE-5. Asegúrate de que no sea una noche de lluvia de meteoritos si haces esta afirmación.
- Hay muchas variantes de meteoritos: tamaño, velocidad, color, distancia recorrida. En un retiro en el Monte Shasta vimos rayas que atravesaron todo el ancho del cielo en una fracción de segundo, grandes, gruesas, meteoritos naranjas y verdes, meteoritos que tenían un "bamboleo" y un meteorito que tenía una forma que se partía en dos en la parte delantera.
- Los meteoritos a menudo aparecen en momentos sincrónicos, por ejemplo, cuando estamos diciendo "Gracias" durante el cierre, o cuando los ETs quiere resaltar que están de acuerdo con algo que alguien dice.

Supuestas estrellas
Las "supuestas" estrellas se moverán en la dirección opuesta a todas las demás estrellas. Necesitarás un punto de referencia como un árbol para resolver esto. De vez en cuando parpadean, o parpadean en diferentes colores. Ten en cuenta que las estrellas cerca del horizonte también centellean debido a la refracción.

Destellos
Un destello es una emisión rápida de luz que parece como que alguien allá arriba te ha tomado una foto con el flash de la cámara. ¡Es rápido! Quien vea el primer destello le dice al grupo dónde estaba y todos se enfocan en ese lugar: muy a menudo hay más por venir. A veces los destellos se quedan en un solo lugar. A veces se mueven y se mantienen moviéndose, a veces erráticamente, a veces rítmicamente, a veces zigzagueando, a veces con trayectoria. Nosotros hemos visto dos veces una serie de destellos encendiéndose más de 50 veces, demasiados para contarlos con precisión. La primera vez, la gente incluso se aburrió después de contar más de 45 flashes y luego volvieron a contar historias de OVNIs mientras yo gritaba "... ¡48!... ¡49!... ¡50!" Amo a mi grupo.

Destello móvil
Un destello móvil comienza como un supuesto satélite, volador de baja altura, estrella o lo que parece un avión. Después la luz se abrillanta, o un gran orbe brillante parpadea o se "enciende" a su alrededor. Un buen ejemplo de un destello móvil está en el canal de YouTube de Deb Warren: https://www.youtube.com/watch?v=OHC8X4j-i38. Cuando veas imágenes, ten en cuenta que la visión nocturna aumenta la poca luz disponible de los dispositivos, por lo que la magnitud de la brillantez del destello móvil se exagera en comparación con lo que verías a simple vista.

Volador de baja altura
Estos son avistamientos emocionantes. MUCHO más brillantes que cualquier otra cosa allá arriba, estas luces parecen estar más bajas en la atmósfera. Los que nosotros vemos viajan por todo el cielo, disminuyendo la velocidad hasta casi detenerse en el borde.

Orbes
Orbes ¿Qué son los orbes? Probablemente hayas visto estas esferas de luz en fotografías. La explicación convencional es que son luz que se refracta de partículas de polvo. Sin embargo, es extraño que puedan moverse contra el viento, acelerar, reducir la velocidad, girar y hacen parecer que asisten juguetonamente a situaciones de alta energía. Pueden estar en movimiento o estacionarias; vienen en todos los colores y todos los tamaños, desde pequeñitas hasta gigantes. Algunas personas pueden verlos a simple vista. La mayoría de la gente los ve con gafas de visión nocturna (ECETI es un gran lugar para mirar a través de gafas de visión nocturna de miles de dólares que James gentilmente comparte). Individualmente o como grupo, puedes invitar orbes para una foto; ¡te puedes sorprender de cuantos aparecen para una sesión de fotos!

Sondas
Pequeñas luces que se acercan al grupo. Incluso pueden aparecer dentro del círculo de contacto. También pueden aparecer como pequeñas luces brillantes. Pueden ser inteligentes. Pueden estar recopilando información. Puede que solo estén diciendo "Hola".

Cielo distorsionado
Es un punto en el cielo donde parece que las olas de calor se mueven a través de él, o un punto que está brillando y que puede tener colores o ser más oscuro.

Descartando máquinas humanas

- Los aviones y helicópteros tienen luces de navegación y luces estroboscópicas, vuelan bajo, tienen velocidades y maniobrabilidad limitadas y hacen ruido.
- Los drones pueden o no tener luz, emiten un ruido si estás lo suficientemente cerca como para escucharlo, tienen velocidades y habilidades limitadas y no se les permite volar muy alto. El último punto puede ser irrelevante: las personas pueden volar alto sin tomar en cuenta las leyes.

El meollo del asunto: naves ET o naves espaciales militares (también conocidos como vehículos alienígenas replicados o ARVs)

El ejército está ocultando su propia flota de naves espaciales, con ingeniería inversa de OVNIs estrellados. Una de mis amigas se casó con un especialista militar de alto secreto que vio una de estas naves espaciales en el Área 51. (Él recomienda hacer una marcha de un millón de personas a la base para exigir que veamos lo que están ocultando, por si alguien quiere organizarlo.) ¿Podemos distinguir la diferencia entre un ARV y una nave ET en los cielos? Probablemente no. Suponemos que el ejército no está respondiendo a nuestras solicitudes telepáticas. Tanto los ARVs como las naves ET pueden:

- Girar en ángulo recto, retroceder o detenerse y moverse de nuevo de una manera que los aviones, drones y los helicópteros no pueden.
- Hacer destellos móviles.
- No tener luces estroboscópicas.
- Tener velocidades increíbles.

Nuestros innegables avistamientos grupales: en el Monte Shasta en un retiro realizado por Kosta, algunos de nosotros vimos unas diez luces, en dos formaciones perfectas, que se seguían en silencio a través del horizonte. También hemos visto una luz brillante moverse, detenerse, moverse, detenerse y alejarse. Otra vez vimos una luz volando tan bajo que iluminó una nube. Eso fue un volador de baja altura, y hemos visto tres más: luces extremadamente brillantes que pasan sobre nosotros y luego se detienen casi hasta detenerse en el horizonte. También consideramos que los destellos son avistamientos confirmados.

Suéltalo

No te estanques en averiguar si un OVNI puede ser "desacreditado" o si es de origen desconocido o interestelar. Si la evidencia no es tan convincente, ¿para qué discutir sobre ello? Acepta que pudiera ser una nave y ahorra tu energía para las experiencias innegables. Los grupos de Facebook de CE-5 siempre atraen a algunos monstruos feos... si tu eres el tipo de persona que es malo con los demás cuando su discernimiento es cuestionable, no obtendrás muchos avistamientos. Eso es porque la "mezquindad" es una vibración baja, y si tienes una baja vibración, no podrás acceder a los avistamientos muy fácilmente. Por favor no seas un abusador.

"¿Por qué sólo estamos viendo luces y no naves físicas geniales como platillos y naves triangulares?"

Los avistamientos de OVNIs cercanos han disminuido en los últimos años. Pregunta a la gente sobre sus experiencias con OVNIs en su infancia o hace mucho tiempo y escucharás historias increíbles como las de nuestro grupo: una nave dodecaedro con la parte superior rotando en dirección contraria a su base, vastos triángulos negros cubriendo grandes porciones del cielo, una nave de metal en la niebla casi lo suficientemente cerca como para poderla tocar... ¡los viejos avistamientos de OVNIs eran super increíbles!

¿Por qué la mayoría son luces distantes ahora? Puede ser un problema de seguridad. Es posible que los ETs no puedan acercarse demasiado porque el espacio aéreo (especialmente el espacio aéreo norteamericano) es extremadamente cerrado. Supongo que los militares los derribarán si los ven; que amables! Es posible que, desde una perspectiva de seguridad, muchas de las naves que interactúan con nuestros grupos no estén siendo pilotadas por seres orgánicos de los rincones más remotos de la galaxia sino más bien programadas u operadas de forma remota utilizando tecnología avanzada de IA.

Conociendo o encontrando a un ser:
Hasta la fecha, no hemos tenido ninguna interacción directa con seres durante un evento de CE-5, pero una persona en nuestro grupo si se ha encontrado cara a cara con un ser en su casa. También tengo un amigo en mi vecindario que es un chamán nativo que ha estado de pie cara a cara con un ser en una de sus visitas a un sitio sagrado en los trópicos, con varios testigos. Cuando mi amigo vio al ser, las lágrimas comenzaron a correr por su rostro... el ser retrocedió suavemente, volviendo a adentrarse en la selva. El encuentro sería una experiencia intensa por muchas razones, tal vez entre ellas un alivio profundo, sentimientos abrumadores de amor y/o anhelo de reunificación con familias galácticas de las que nos hemos alejado por mucho tiempo.

La mayoría de nosotros no estamos tan preparados como un chamán para encontrarnos con un ser. Naturalmente tememos a lo desconocido o lo diferente, y además, hemos sido programados por los medios para pensar que los extraterrestres son hostiles o malos.

Preparar al grupo para las interacciones cara a cara es un buen ejercicio. Relájense y entren en un estado enfocado de meditación, luego guía a todos a través de una visualización en donde cada persona se encuentre con un ser. (Ve la sección de meditaciones para un ejemplo).

Otro buen ejercicio es visualizar encontrarte con un ET a medida que avanza tu día. Imagina a un ET a la vuelta de cada esquina, arriba o abajo de las escaleras, en la cafetería, atrapado en el tráfico en el automóvil que está delante de ti, etc. Incluso puedes adornar las paredes de tu casa con fotos de extraterrestres. Al hacer esto, básicamente estás preparando tu mente para aceptar en pensamiento y emoción, sin miedo o ansiedad, un encuentro físico con un ser extraterrestre. Tu sistema de creencias también está siendo reprogramado para reconocer que estos pequeños encuentros son realmente naturales, normales y prosaicos. Esta estrategia te ayudará a liberar creencias profundas e inconscientes de que encontrarte con un ET en la vida real es imposible.

En un CE-5 o en tu vida diaria, podrás notar algunos fenómenos que te llevarán suavemente a encontrarte con un ser: escuchar que alguien arrastra los pies, sentir un toque suave en tu tercer ojo o en algún lugar de tu cuerpo o escuchar una respiración. Los seres pueden aparecer en forma no física, interdimensional, como luces brillantes, orbes, formas de energía, formas oscuras o difusas o pueden ser de naturaleza completamente física. Se ha reportado la presencia de un profundo sentimiento de amor durante estas interacciones, ya sea que la comunicación telepática esté presente o no.

Otros fenómenos diferentes de los avistamientos:

- Cambios de temperatura: tu cuerpo o el ambiente pueden calentarse o enfriarse muchos grados.
- Cambios de presión: la mayoría de las veces se siente en los oídos. Esto puede indicar que hay una nave ET arriba.
- Cambios climáticos, como una disminución o aumento del viento.
- Sacudidas o vibraciones corporales, dolores corporales o agitación incontrolable.
- Cabello o vellos erizados.
- Sonidos: zumbidos, clics, tonos, animales que responden a la presencia de humanos y ET.
- Sentimientos de amor tan fuertes que las personas se conmueven hasta las lágrimas.
- Electrónicos/luces que se encienden o apagan espontáneamente, canciones que se reproducen en dispositivos por sí mismas.
- Nubes: formas, colores, nubes anómalas en movimiento o de color.

Tips

- Anima a las personas a compartir avistamientos y fenómenos cuando sucedan. Las personas a menudo son tímidas y no quieren molestar al grupo. Asegúrales a todos que es beneficioso para todo el grupo si comparten, pero si sientes que alguien se siente demasiado nervioso, da la opción de no compartir. No es una obligación.
- A menudo las personas no creen en sus propios ojos: pregúntales continuamente si han visto algo que los haya hecho dudar de si es real o no.
- Permite que la gente comparta incluso durante las meditaciones - tú sentirás cuando debas decir "genial" y seguir adelante con la meditación o si dejas de meditar para ver si hay más novedades.

No te pierdas: fenómenos convencionales del cielo nocturno

- Constelaciones, estrellas, planetas, Estación Espacial Internacional, Telescopio Hubble, aurora boreal.
- Vía Láctea: adéntrate en lo salvaje y contempla la hermosa Vía Láctea.
- Refracción atmosférica: las estrellas en el borde del horizonte vistas a través de capas del aire turbulento de la Tierra parecen "centellear". Mira este video para ver los interesantes efectos de la refracción en el sol y las estrellas.
https://vimeo.com/188149183

Vikingos navegando bajo las Luces del Norte, Gerhard Munthe, 1899

"¿Por qué algunos avistamientos de OVNIs son tan cuestionables? ¿Por qué no son todos súper obvios? ¿Qué es esta mier..de 'supuesto'?"
Creemos que los avistamientos de nivel novato son difíciles de discernir a propósito. La mayoría de nosotros tenemos un miedo arraigado a los "extraterrestres". Ver algo y preguntarnos si posiblemente es hecho por el hombre, tal vez son fenómenos naturales o posiblemente OVNI no es tan aterrador. Los avistamientos de nivel neófito también tienen otro propósito: son un puente para la creencia. ¿Era eso posiblemente lo que pensaba que era? ¿Podría creer que puede ser un OVNI? Te ayudan a arriesgarte y te abren la mente suavemente a todo esto. También elimina a las personas que no están listas, quienes fácilmente lo descartan y nunca piensan en ello de nuevo. Por lo tanto, un grupo de personas diferentes puede ver lo mismo y tener interpretaciones muy diversas. La vida se trata de tener diferentes experiencias y crear la realidad que uno elige crear. Los avistamientos de nivel neófito permiten a cada uno lo suyo.

"¿Por qué algunas personas ven algo y yo no?"
Suele suceder que la gente estará mirando exactamente el mismo lugar en el cielo y una persona verá una luz muy brillante, el destello se encenderá repetidamente y la persona que está a tu lado no logra ver nada. O decides dejar el CE-5 y algunas personas que deciden quedarse ven algo justo después de tu partida. Súper molesto. Simplemente así es como es. Tal vez no estés listo, tal vez no sea el momento adecuado para ti, o tal vez parpadeaste.

Piensa en cómo un perro puede escuchar cosas que nosotros no. Lo mismo ocurre con la vista: nuestros ojos físicos sólo pueden ver un rango muy pequeño (0.0035% aprox.) de lo que existe en el espectro electromagnético. En el contexto de los OVNIs, la realidad de la que los extraterrestres se originan y en la que normalmente existen, es diferente a la nuestra y la mayoría de nosotros no podemos ver tan alto en la escala vibracional. Entonces ellos tienen que ajustarse hacia abajo o nosotros tenemos que elevarnos. Puedes ampliar tu rango, como muchos lo han hecho. Con intención y crecimiento, verás cosas que antes no podías ver. Yo solía estar celosa de alguien en nuestro grupo que regularmente veía luces y orbes a su alrededor. Ahora veo destellos y pequeñas 'bombillas' a mi alrededor regularmente. Con el tiempo, llegarás allí también. Intenta sentirte emocionado por aquellos de los que tienes envidia cuando ven algo que también querías ver.

"¿Acaso me acabo de imaginar eso?" Tal vez, tal vez no. Vale la pena informar al grupo.

"¿Pero tal vez fue un truco del ojo?" Tal vez, tal vez no. Sigue valiendo la pena informar al grupo.

Nota para el líder: realmente necesitas practicar tu voz de mando. Ha sucedido que he visto cosas mientras que hablo en voz alta conmigo misma pensando que todos estamos teniendo una experiencia grupal para luego descubrir que ninguno me escucha y, por lo tanto, ¡la mayoría de las personas del grupo se pierden el avistamiento de la noche! Se imperativo: haz preguntas directas y obtén respuestas: "¡Miren justo allí!" "¿Quién vio eso?" "Mantengan su vista sobre esa luz – hay algo diferente en ella." A medida que practiques, tendrás más noción respecto a sobre lo que vale la pena llamar más la atención.

MEDITACIONES

Meditar tiene muchos beneficios científicamente validados:
- Tranquiliza y relaja
- Disminuye el estrés, la ansiedad, depresión, dolor, insomnio
- Incrementa la habilidad de pensar clara y rápidamente
- Engrosa la corteza cerebral, mejorando la memoria y la concentración
- Incrementa la capacidad de sentir
- Fortalece los telómeros en el ADN responsables de la longevidad
- Crea nuevas neuronas (hasta 30,000 por mes, una enorme cantidad de poder cerebral)
- Aumenta el volumen del cerebro (el cerebro normalmente se encoge con la edad)
- Reduce la amígdala, la parte de defensa o huida del cerebro (¡wow!)

Meditar y CE-5

Meditar te ayuda a conectarte con la conciencia de la mente unificada. Cuando te quedas vacío (o te conectas a todo – como tú prefieras verlo), te encuentras en un estado puro de conciencia que no está limitado por el tiempo o el espacio. Como tal, la comunicación con cualquier persona, en cualquier momento y espacio es posible. Además, la meditación sirve como una herramienta para limpiar el canal y domar la mente de mono para que los pensamientos aleatorios no interfieran o distorsionen mensajes salientes o entrantes. Entonces, cuanto más medites, mejor podrás comunicarte telepáticamente con nuestros amigos de las estrellas. Durante un CE-5, recomendamos hacer al menos una meditación a ojos cerrados para que realmente se enfoquen internamente y entren en la conciencia de la mente unificada.

Leyendo de este capítulo

Este capítulo tiene varios ejemplos de meditaciones/ejercicios grupales de colaboradores de todo el mundo. Puedes llevarte este manual al campo y leerlo en voz alta a tu grupo.

Escuchar meditaciones grabadas

Pueden poner meditaciones para todos usando un dispositivo. (De esta manera tu te puedes unir también.) Hay algunas meditaciones en la app *ET Contact Tool*, y puedes convertir cualquier video de YouTube en línea a mp3 buscando un convertidor en Google (como https://ytmp3.com/).

Canalización como grupo:

Un miembro de nuestro grupo tuvo la suerte de realizar un viaje de activación energética a Egipto con Sixto Paz Wells. Él le pidió a Sixto consejo de CE-5. Sixto dijo que es imprescindible aprender a canalizar la comunicación ET como grupo. Para hacer esto, sugirió meditar juntos con la intención de recibir mensajes. Luego, después de la meditación, compartir sus experiencias unos con otros. Si alguien recibe un mensaje claro y directo, podría ser una comunicación. Cuando varias personas reciben la misma información, sabrán que tienen un mensaje corroborado. Los mensajes son siempre positivos y nunca de advertencia o de una catástrofe.

Tus meditaciones

Antes de que veas las meditaciones de muestra en esta sección, considera que la mejor meditación es aquella que viene de tu propio corazón. Inventar tu propia meditación es fácil. Puedes escribirla con anticipación o inventarla sobre la marcha con el grupo. Debido a que hay muchas pausas durante una meditación para respirar y cultivar un ambiente agradable y relajado, hay mucho tiempo para pensar qué decir a continuación. Si no suena tan suave o te equivocas, todos pueden reírse, lo cual también ayuda a crear la atmósfera adecuada.

Cómo Meditar

La meditación es simple. Es ENFOQUE. Te puedes enfocar en:
- Música
- Sonido
- Intención
- Vacío
- Conexión con Todo
- Mantras
- Respiración
- Un sentimiento, como apreciación
- Una parte del cuerpo, como el centro de tu corazón
- Tu esencia de luz azul frente a tu tercer ojo
- Inhalar energía pránica y exhalarla hacia tu cuerpo

Comienza con 5 minutos todos los días, una vez al día durante un mes, y luego avanza hasta 5 minutos dos veces al día. Incrementa a unos 15 minutos dos veces al día. En los días ocupados, trata de mantener el hábito: siéntate aunque solo sea por 5 minutos. 5 minutos por día es mejor que 20 minutos una vez a la semana. No te desanimes si no sientes un cambio o algún efecto de inmediato. Lleva tiempo acostumbrarse. Prueba ritmos binaurales en el rango Theta para ayudar a tu cerebro a relajarse durante la meditación profunda. Puedes probar algo similar a la meditación, como colorear, caminar, tocar música o manejar tu coche. Si la meditación no es lo tuyo, está bien también. Aunque beneficiosa, no es esencial.

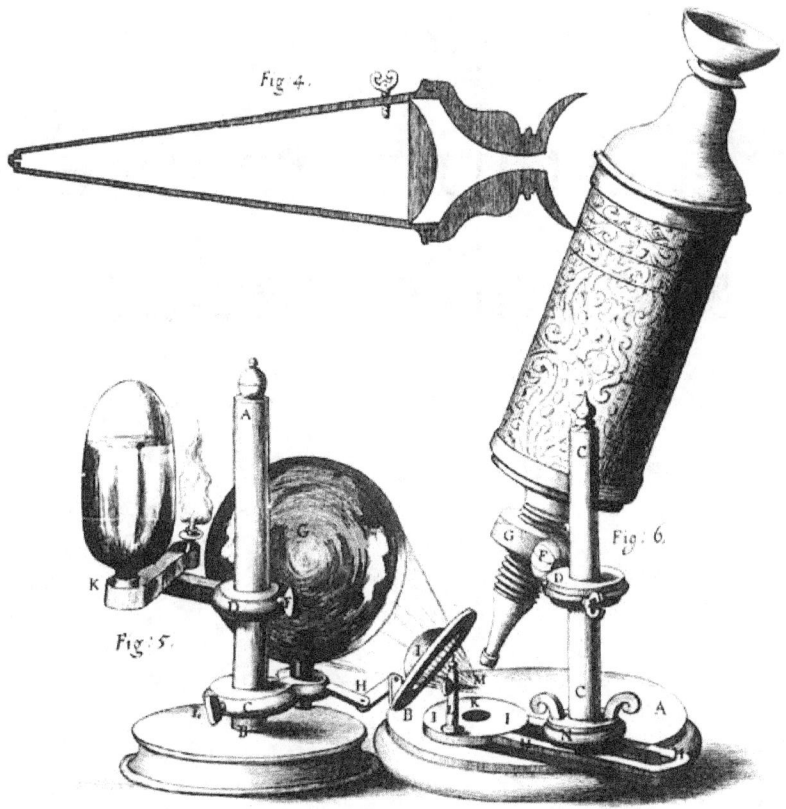

El microscopio de Robert Hooke 1665

"Hay mucha más evidencia de que la meditación en grupo puede apagar la guerra como un interruptor de lo que hay evidencia que la aspirina reduce el dolor de cabeza."

—John Hagelin

<u>La ventaja del grupo:</u>
Hay varios estudios que muestran que cuando meditamos como grupo, somos muy poderosos. Se ha demostrado que la meditación grupal (también conocido como el efecto Maharishi) reduce el crimen, los suicidios y las muertes en áreas circundantes entre 13% y 82% (con un promedio de + 70%) durante las sesiones.

El Dr. John Hagelin, físico cuántico y presidente de la Universidad de Administración de Maharishi en Fairfield, Iowa dice lo siguiente,

> "Más de cincuenta proyectos de demostración y veintitrés estudios publicados en las principales revistas revisadas por colegas, han demostrado que este nuevo enfoque de la paz mundial basado en la conciencia neutraliza las tensiones étnicas, políticas y religiosas en la sociedad que dan lugar al crimen, la violencia, el terrorismo y la guerra. El enfoque ha sido probado a nivel local, estatal, nacional e internacional, y ha funcionado todo el tiempo, resultando en caídas altamente significativas en tendencias sociales negativas y mejoras en tendencias positivas. Grandes grupos de expertos en creación de paz, que practican estas tecnologías de conciencia juntos, se sumergen profundamente en ellos mismos al nivel más fundamental de mente y materia, que la física llama el campo unificado. Desde ese nivel de vida crean una ola de armonía y coherencia que puede alterar permanentemente la sociedad para mejor, como lo confirma la investigación. Y este enfoque basado en la conciencia es holístico, fácil de implementar, no invasivo y rentable."
> (Consulta http://www.permanentpeace.org para más información).

<u>Meditaciones dominicales</u>
Hay varios grupos alrededor del mundo que meditan los domingos visualizando un cambio pacífico para el planeta. Para unirte a alguno de estos grupos visita:

> http://www.globalunitymeditation.com/
> https://www.facebook.com/groups/128179887330632/ (¡Nosotros manejamos esta!)
> http://2012portal.blogspot.com/2016/08/make-this-viral-weekly-ascension.html

<u>Conoce más en:</u>

> http://www.worldpeacegroup.org/washington_crime_study.html
>
> http://thespiritscience.net/2015/06/18/studies-show-group-meditation-lowers-crime-suicide-deaths-in-surrounding-areas/
>
> https://www.thewayofmeditation.com.au/scientific-evidence-mass-meditation-can-reduce-war-and-terrorism
> https://www.youtube.com/watch?time_continue=36&v=wJ0O1FTn9RQ

De igual manera deseamos mencionar que el número de grupos que llevan a cabo sesiones de meditación alrededor del mundo está creciendo. Cuando se unen mentes y corazones enfocados en la paz de manera colectiva —en amabilidad con los animales, armonía internacional, respeto mutuo, cuidado ambiental, prosperidad para todos, lo que sea que quieran para su mundo— la energía se magnifica exponencialmente y acerca cada día más la manifestación de esos ideales. El valor de la oración y la participación activa o remota en los grupos de meditación no puede ser exagerado.

- Mensaje de Matthew, 14 de febrero, 2018

Meditaciones

Visión de un nuevo mundo (Dr. Greer)

Tómense de las manos y vean que hay un círculo perfecto de luz formado. Sintamos la profunda paz dentro de nosotros, la quietud y el silencio. En tu visión interna, date cuenta de que hay una nave interestelar trans-dimensional que está alrededor de nosotros y que nosotros estamos en ella. Hay seres extraterrestres meditando con nosotros, y vemos este hermoso anillo de luz mientras nos tomamos de la mano unos a otros. Intercalados entre nosotros hay formas de vida ET transformados más allá del punto de cruce de la luz y están tomados de la mano con nosotros. Conforme nos adentramos juntos en este estado puro de silencio, vemos muy profundo dentro de cada uno de nosotros una fuente de luz pura: consciencia transformada en luz. Sube por nuestros chakras empoderada por la luz de la tierra y el poder de Gaia y llega al nivel de nuestro corazón, luego sube hasta el chakra corona y estalla hacia arriba al espacio sobre nosotros. Forma una perfecta columna de luz. Primero, cada uno de nosotros proyecta estas columnas, y luego nuestras columnas se fusionan en una; y esta luz va de izquierda a derecha alrededor del círculo y se convierte en un rayo masivo de luz celestial subiendo hacia el espacio y perforando la estratósfera. Esta luz se extiende, nuestra luz y la bondad dentro de la tierra y la humanidad así como nuestro potencial de iluminación se extiende desde este lugar a cada estrella, cada galaxia y cada forma de vida inteligente en el cosmos. Le pedimos al Gran Espíritu que es infinito e ilimitado que facilite esta hermosa luz como un rayo que va hacia arriba, para que sea una guía para civilizaciones capaces de viajes interestelares de venir a este lugar en la tierra. Finalmente vemos que este haz de luz entra en un vasto centro interestelar. Tiene miles de kilómetros de diámetro en el espacio profundo. Aquí es donde los embajadores de otras civilizaciones se reunieron durante millones de años desde tiempos inmemoriales. Vemos que nos contemplan claramente, incluso cuando los vemos en nuestra propia mente. Les pedimos que se unan a nosotros aquí y en su esencia de pensamiento lo hacen. Vemos que envían a través de nosotros una luz cósmica que viene del cenit de los cielos a este hermoso círculo de personas y a través de nosotros a la tierra, y la tierra suena como una campana. Con la resonancia de esta luz cósmica, llega a cada hombre, mujer y niño en la tierra una nueva visión de un mundo nuevo que se manifiesta desde dentro de nosotros en la tierra física. Le pedimos al Gran Espíritu que, por cada hombre, mujer y niño en la tierra, su corazón, mente, esencia y espíritu se despierten a las simples verdades de que somos una sola persona en el cosmos y que es hora de que entremos en la civilización universal y la paz interminable. Vemos todos los secretos que se han guardado de la humanidad revelados. Las maravillosas tecnologías que podrían convertir a la tierra en un jardín de rosas, de paz y abundancia, implementadas y presentadas por el bien de la humanidad. Vemos todas esas fuerzas retrógradas en la tierra o que se resisten a esto transformadas por la belleza de esta visión. Ahora vemos que esta luz se hace más fuerte y vemos cristalizado en nuestra mente y nuestra visión, un mundo nuevo. Será un tiempo de paz interminable e ininterrumpido durante cientos de miles de años. Si bien primero puede ser una paz externa, la realidad es que evolucionará hacia la era de la iluminación y, con el paso del tiempo, cada niño nacido en la tierra nacerá en la conciencia cósmica y, por lo tanto, evolucionará en la conciencia de Dios y la conciencia de la unidad universal. A medida que la humanidad evoluciona de esta manera, vemos que nos convertimos en embajadores de otros planetas, extendiendo la iluminación desde la Tierra incluso cuando la iluminación fue traída a la Tierra por los ancestros antes que nosotros. Nuestros corazones están llenos de alegría ante esta visión y le pedimos al Gran Espíritu que nos ayude a lograrlo e invitamos a estas civilizaciones interestelares que esperan pacientemente nuestra llegada, para ayudarnos mientras nos comprometemos a ayudarlos. Los niños en la tierra serán los puntos de entrada para estos canales, por los cuales este conocimiento, visión y realidad se manifiesten en la tierra. Y por eso le pedimos al Gran Espíritu que este hermoso tiempo, que sabemos en nuestros corazones es el destino de la humanidad, se haga presente. Nos dedicamos unos a otros con la tierra, con el espacio, y con todos estos visitantes, nuestros hermanos y hermanas, de cada sistema estelar, para crear un mundo nuevo, y vemos que en realidad ya ha nacido dentro del reino de las ideas y está listo para manifestarse, requiriendo de nuestra acción. Entonces, con algo de esfuerzo de nuestra parte, asistidos por el Gran Ser, los reinos invisibles, el mundo espiritual, y estas civilizaciones interestelares, lo que parece imposible se vuelve inevitable. Lo veremos manifestado en este ciclo de vida, y nuestros corazones están llenos de amor y alegría ante la visión de un mundo nuevo. Namaste.

Iniciativa global CE-5 (Kosta)

1. Realiza este contacto ET en cualquier momento, cualquier lugar que sea conveniente, cómodo y seguro para ti.

2. Elige el lugar y las personas que crees que son compatibles, respetuosas y entusiastas respecto de este esfuerzo coordinado. Como "seres vibracionales", el miedo u otras emociones fuertes pueden afectar tus resultados. * Lleva contigo tu buena voluntad, amor, gozo y apertura a la experiencia. Los ETs "leerán" tu vibración noble y positiva. También puedes hacer esto solo.

3. Únete de corazón con los miembros de tu grupo. Circula la energía de amor.

4. Imagina una esfera de amor al centro del círculo con cada uno de sus corazones conectado a ella. Proyecta una columna de energía amorosa alta hacia el cielo como un faro brillante para nuestros amigos de las estrellas.

5. Cuando estés en meditación, en tu imaginación únete de corazón con todos los otros grupos de Contacto ET Global quienes se unen alrededor del planeta. Después, con amor, incluye también a nuestros amigos de las estrellas invitándolos y guiandolos a tu ubicación. Los puedes guiar a tu ubicación proyectando tu conciencia hacia ellos y visualizando cómo viajar desde la ubicación de nuestro sol en nuestro sistema solar hacia la Tierra. Conforme te acerques en tu imaginación, acerca cada vez más tu ubicación específica en la superficie. ¡Muéstrales las imágenes de dónde encontrarte!

6. Mentalmente y con tu corazón, PREGUNTA a nuestros amigos ETs lo que tú y nosotros podemos hacer en cooperación con ellos para traer curación a nuestro planeta Tierra. Invítalos a participar más en nuestros asuntos humanos, reconociendo que, no obstante, es responsabilidad de la humanidad resolver sus problemas

7. Recuerda que el contacto ET puede darse en muchas formas. Puede ser un avistamiento de una nave estelar, un sueño lúcido, un mensaje telepático, un toque en el hombro o la rodilla, un extraño fenómeno eléctrico con dispositivos de comunicación o luces, y mucho más.

8. Luego, ¡por favor agrega tu experiencia del evento de CE-5 a los archivos de informes de ET Let's Talk!

*NOTA: La forma en que abordas tu experiencia CE-5 es CRÍTICA. Si tienes una actitud de miedo, escepticismo profundo, hostilidad, estrechez mental ... es muy probable que no puedas hacer contacto...

Uno Universal

Cierra tus ojos y haz tres respiraciones profundas, exhalando con un suspiro cada vez.

Continúa enfocándote en tu respiración: con cada inhalación respira la energía de luz que te rodea. Con cada exhalación suelta todas las preocupaciones de este día, la lucha por sobrevivir, todo el estrés y la negatividad… nada que hacer, ningún lugar al que ir, nadie a quien impresionar. Inhala paz, exhala y deja ir.

Escucha el viento entre los árboles (O el bullicio del tráfico, o el sonido de la electricidad, dependiendo en donde te encuentras). Expande tu conocimiento interior hacia afuera e incluye a tus amigos que están junto a ti, a los árboles, y animales alrededor tuyo, la gente en los automóviles que van por la calle, las ciudades con todo su movimiento y los países lejanos.

Tú eres todas las personas y todo, y puedes sentir que vas manejando por la carretera, que eres un niño jugando en el parque, o cómo las hojas en tu copa susurran.

Tu conocimiento interno se expande más allá, incluyendo grandes extensiones de tierra y océanos, hacia el espacio, abarcando nuestro sistema solar y el infinito, en donde puedes escuchar el profundo sonido de los planetas girando alrededor de sus soles, sientes cómo dan vueltas las galaxias y ves algunas nubes coloreadas de nebulosas. Eres vasto, espacio profundo … eres las maravillas de la naturaleza: planetas, lunas y estrellas, bosques, cascadas y mareas, habitantes de mundos. Escucha tanto el viento en los árboles cercanos como la música del universo. Eres todo y todos.

Contrae todo este conocimiento interno en el espacio directamente frente a tu tercer ojo. Elimina tu personalidad, tu individualidad, las distracciones de tu entorno, tus pensamientos. Estás en el vacío, flotando en la oscuridad. Eres conocimiento y conciencia original. Sientes la paz del amor infinito … eres la realidad suprema, lo cual es felicidad.

Pueden aparecer pensamientos e imágenes, y tú los dejas ir y volver a este único punto de enfoque y conciencia. Te has convertido en el único punto de conocimiento consciente que es la misma consciencia que sienten todas las demás personas en la tierra, todos los demás seres despiertos y conscientes. Te relajas en esta consciencia tranquila mientras te calibra y te conecta con el Uno Universal.

Meditaciones

Cada momento es una meditación (Matt Maribona)

Matt descubrió cómo ponerse en contacto con ETs por sí mismo muchos años antes de encontrar la comunidad CE-5. Su ejemplo nos muestra que cada uno de nosotros puede encontrar su propio y único camino para contactar.

CE-5 no es solo un término; es una práctica de amor, unión e integridad. CE-5 se trata de ser el único, amoroso y alegre TÚ. CE-5 es solo el comienzo de un viaje increíble que ayudará a cambiar el mundo tal como lo conocemos. La meditación CE-5 no debe tener principio ni fin. CE-5 se trata simplemente de ser. En el universo hay una posibilidad infinita de maravillas. Dentro de las galaxias, las estrellas y los planetas hay otros seres únicos, amorosos y alegres como nosotros, que simplemente son. Están ahí afuera esperando que nos demos cuenta de cuán especial es realmente nuestro mundo y toda la vida. ELLOS vienen de la inmensidad de posibilidades para brillar sobre ti. Todo lo que necesitamos hacer es unirnos y hacer brillar esa luz sobre nuestro mundo y sobre nosotros mismos. Cada día al despertar deberíamos manifestar el bien en cada una de nuestras vidas. Nuestros pensamientos son muy poderosos y pueden usarse para crear la realidad en la que vivimos. Todo es consciencia. Estamos creando nuestras propias realidades con estos pensamientos. Somos esencialmente lo que pensamos. Como especie, colectivamente, podemos crear un mundo que honre el amor por todas las cosas. Y esto comienza CONTIGO. A lo largo del día y dentro de nosotros mismos deberíamos ser el cambio que deseamos ver en el mundo. Necesitamos ser amables el uno con el otro. Necesitamos cuidar nuestro mundo y asumir la responsabilidad de nuestras acciones. Sonríe más, echa una mano a un extraño, haz buenas obras, lleva esperanza a todas partes, muestra amor a todo. Este mundo es un paraíso y todo está provisto. La separación nos detiene. Separación de nosotros mismos, del otro, del mundo y del universo. Somos amados y todo lo que necesitamos hacer es ser. Al final del día, cuando las estrellas salen a brillar para ti, todo lo que tienes que hacer, es decir: "Hola, estoy aquí por amor y esperanza". Tu vida cotidiana es la meditación. El corazón que late dentro de ti es todo lo que importa. Una vez que encuentres ese centro cardíaco, todo lo que necesitas hacer es mirar hacia arriba y decir: "Aquí estoy, ¿quieren unirse a mí?" ¡Eso es! Cuando hagas contacto, verás que el amor es lo único que importa y que todo lo que se hace con amor se hace con la mejor intención, con mente y corazón abiertos. Mientras más personas tengan la misma frecuencia y vibración, más profundas serán las experiencias. Cuanto más hagas brillar tu luz, más harán brillar la de ellos en respuesta. Nos esperan allí incluso ahora mientras lees esto. Eres amado. Muéstrales un poco de amor a cambio. Háganlo juntos. Sólo sé.

Edad de oro

Toma tres respiraciones profundas y suelta todo el estrés y la lucha de tu vida diaria. Conéctate a la tierra y siente tu conexión con la diversidad de Gaia, con la humanidad, con todos los seres en el universo y con la Fuente. Tómate unos minutos para centrarte e instalarte en tu verdadero ser. Respira y relájate profundamente.

Ahora, une tu mente y tu corazón con todos en el grupo. Visualiza la evolución y el progreso de la humanidad. Siente tu conocimiento consciente del mundo tal como es ahora, preparado para la utopía por venir. Es un regalo y un honor estar en forma humana en este planeta en este momento. En tu ojo mental, ve el progreso suave del continuo amanecer de la nueva era ante nosotros. Ve a los líderes corruptos y manipuladores del mundo pacíficamente renunciando y siendo responsabilizados por sus acciones. Ve a los medios populares liberados de las garras del control, liberando información crítica para todos. Sé testigo de la lenta y constante revelación de la presencia de nuestra familia estelar. Regocíjate de ver esperanza y alivio en la cara de cada persona cuando se dan cuenta de que no estamos solos. Conforme la masa crítica de personas acepta y abraza esta nueva realidad, ve a los científicos trabajando, sin gravámenes, implementando las tecnologías que ya nos han sido regaladas, distribuyendo energía libre al mundo. Mira el mundo bañado en armonía y amor. Deléitate en la abundancia y paz que estará disponible para todos.

Imagina lo que harás en ese nuevo mundo. Imagina que los prisioneros de guerra son liberados... los esclavos liberados... la enfermedad ha sanado ... el hambriento ha sido alimentado ... energía libre para todos ... comunicación con seres de otros mundos ... cómo se verá tu hogar... cómo será tu propia nave espacial... vacaciones a las estrellas o alrededor de todo el mundo ... cómo se ve tu día... en qué trabajo pones tus energías... y qué haces para jugar... ¡enfoca tu mente en lo que sea que encienda tu corazón en llamas!

Ábrete para escuchar la inspiración de tu yo superior sobre qué acción puedes llevar a cabo para facilitar este cambio. Tómate un momento para recibir guía sobre la manera más eficaz de participar en este alegre proceso.

Siéntete seguro de que esta hermosa visión del futuro se acerca; es solo cuestión de que llegue el momento. Conjura sentimientos de apreciación y paz para esta realidad que ya existe en flujo intemporal.

Conoce a un Ser

Crea una intención de que tu grupo hará una meditación donde se encuentran con un ser en preparación para el contacto cara a cara eventual. Haz que el grupo piense en qué tipo de ser les gustaría conocer: ¿Cómo Humano? ¿No como humano? Algunos entre los que elegir: Pleyadianos, Nórdicos, Apunianos, Hathors, Felinos, Arcturianos, Seres Aviares, Grises y Reptilianos Benevolentes, etc.

Alternativamente, ellos podrían reunirse con miembros del equipo ET asignado a tu grupo CE-5 o su emisario ET personal.

(Dato curioso: Paul Hellyer, uno de los pasados ministros de defensa canadienses, dice que hay 82 especies extraterrestres que se sabe que han visitado la Tierra).

Empieza la meditación con cualquier tipo de respiración o ejercicio relajante. Puedes empezar con un ejercicio de tensión y relajación muscular, o puedes usar una visualización en la que entran a un ascensor y bajan diez pisos mientras tú vas contando, obteniendo más y más relajación con cada nivel. Es especialmente importante estar tan relajado como sea posible mientras haces esta meditación, así que tómate tu tiempo en esta parte- haz que dure la mitad de toda la meditación. La meta es relajarnos tanto como en el estado en el que todos estamos antes de despertarnos: este es a menudo el momento más relajado en nuestro día.

Una vez que hayas llevado a todos a un estado profundamente relajado, haz que cada persona cree un lugar seguro en el que les gustaría encontrarse con un ser extraterrestre. Podría ser un lugar sagrado, un parque, un prado, la playa donde Jodi Foster conoció a su "papá" en la película Contacto, una estación espacial galáctica, etc. Si usas la técnica del ascensor, haz que las puertas se abran en este lugar seguro. A medida que cada persona entra en este espacio, hazles profundizar en los detalles: lo que ven, los sonidos, los olores, el suelo bajo sus pies. Haz que caminen hacia el lugar donde se encontrarán con el ser.

Haz que cada persona cree su invitación como quiera: una llamada telefónica, una llamada telepática, una invitación escrita, un correo electrónico, etc. Visualiza el ser recibiendo el mensaje y emprendiendo su camino.

Ahora imagina el primer nivel de contacto. ¿Se da viendo una nave espacial a lo lejos? ¿Viendo al ser parado a la distancia en la playa?

Quédate con eso en mente por un momento. Aclimátate y continúa respirando y sintiéndote profundamente relajado. Ahora dile al grupo que le pida al ser que se acerque. Dale al grupo alrededor de cinco minutos para conectarse con este ser al ritmo que sea más cómodo para ellos. Recuérdale al grupo mantener su estado de relajación profunda. Señala a tu grupo que cada uno tiene el control de esta interacción, y que pueden pedir al ser, en cualquier momento, que se acerque o que se aleje. Diles que si las cosas se sienten incómodas o si sienten temor, que hagan una respiración profunda y permitan que esos sentimientos se disuelvan, reemplazandolos con confianza, amor y apreciación.

Una vez transcurrido el tiempo, da la instrucción al grupo de concluir su comunicación con el ser.
Pídeles que den gracias al ser y que escuchen la respuesta del ser. A medida que el ser se aleja, recuérdale al grupo que continúe con esa sensación de relajación. Pídeles que se den cuenta de cómo se sienten: ¿se impresionaron por su capacidad para manejar sus propias emociones y permitir que esta interacción ocurriera? ¿Sienten aprecio por lo que creen que es una representación o interacción real de benevolencia y amor? Deja que ellos disfruten del calor de esta interacción después de que el ser se ha ido.

Ahora, suavemente regresa a cada persona a nuestra realidad compartida. Si hiciste un viaje en ascensor, sube los pisos, haciendo que se sientan más despiertos a medida que suben cada piso. Invita a las personas a mover los dedos y los dedos de los pies si quieren, y/o que tomen unas cuantas respiraciones profundas mientras se aclimatan de regreso a su ubicación.

Los Hathors ayudaron a la gente en el Antiguo Egipto. Esta representación es de un instrumento musical, 664 – 525 B.C.

Meditación rápida y sucia (Deb Warren)

Puedes encontrar esta meditación en: https://www.youtube.com/watch?v=spkk6TwWpzg&feature=youtu.be

1. Ve una gran bola dorada de energía formándose en tu chakra corazón, cada vez más grande y brillante, luego se mueve de izquierda a derecha alrededor del círculo, en sentido contrario a las manecillas del reloj, pasando a través del chakra corazón de cada persona presente. Ahora gira más rápido formando un anillo dorado y nuestro grupo comienza a sentirse más coherente, entonces gira aún más rápido aplanándose como un disco dorado, y comenzamos a sentirnos aún más coherentes: somos un grupo que emprende este viaje juntos.

2. Ahora como grupo comenzamos a cantar el mantra: Im Na Ma. Im Na Ma, mientras se forma el tetraedro Merkabah en nuestra mente. Y el disco de pronto se expande formando una nave ET dorada, que nos rodea a todos. Comienza a flotar suavemente llevando nuestros cuerpos astrales/de luz, y se detiene justo arriba de nosotros.

3. Y ahora… hacemos un hiper-salto.

4. Ahora estamos en órbita geoestacionaria muy alto por encima de nuestra ubicación en la tierra. Todavía podemos ver el sol brillando en el Océano Pacífico en el oeste. También podemos ver la tierra convirtiéndose en oscuridad en el este. Busca el planeta Saturno, como una estrella muy brillante, puede estar a la izquierda [o derecha] del sol, ese es nuestro destino.

5. Y ahora… hacemos un hiper-salto.

6. Ahora estamos por encima de los anillos de Saturno y podemos ver una gran estación espacial ET en órbita entre los anillos y el planeta. La estación espacial tiene unos 42 kilómetros de largo y muchos niveles de altura. Nuestra nave ET se dirige suavemente hacia una gran cubierta de un hangar. Hay muchas, muchas naves extraterrestres yendo y viniendo desde la cubierta. Nosotros entramos al hangar y buscamos un lugar para aterrizar nuestra nave dorada. Aterrizamos suavemente y la nave dorada se desvanece.

7. Este lugar es como la estación Grand Central. Está lleno de muchos, muchos seres, todos yendo y viniendo. Muchas especies diferentes.

8. Nos reunimos en grupo, de pie y en silencio. Enviando este mensaje telepático: somos humanos de la Tierra y esta es la primera vez que hemos venido a esta estación espacial. Necesitamos ayuda. Por favor envíen a alguien para que nos guíe.

9. Casi de inmediato, podemos detectar un grupo de extraterrestres, abriéndose paso entre la multitud. Pronto están directamente en frente de nosotros, haciendo señas con un dedo, indicando que deberíamos seguirlos. Los seguimos.

10. Nos llevan a una habitación lateral en la cubierta del hangar, y una puerta se cierra bruscamente. De repente el ruido del exterior no se oye más y hay silencio. Hay al menos un ET aquí para interactuar con cada uno de nosotros, incluso puede haber más de uno para cada uno de nosotros. Puedes solicitar un recorrido por esta estación espacial, puedes pedir que te expliquen y se producirá un dispositivo de visualización para ayudarte a comprender. Posiblemente te pueden pedir que vayas a una sala de reuniones grande para hacer una

presentación. Te daré algunos minutos ahora para tener estas experiencias, y no importa cuánto tiempo se lleve tu experiencia, estos pocos minutos serán todo el tiempo que necesites.

11. Estaré en silencio ahora mientras tienes tu experiencia.

12. Nota para el facilitador: espera unos minutos. Sentirás cuando todos hayan terminado su experiencia y luego comenzarás el viaje de regreso a la Tierra. Asegúrate de que tú también tengas una experiencia.

13. Donde quiera que estés o lo que sea que estés haciendo, ahora tu intención es volver al grupo que te espera en la cubierta del hangar. Di adiós a los extraterrestres, déjalos sentir tu gratitud, hazles sentir lo encantado que estás, hazles saber si estarías dispuesto a volver de nuevo.

14. Estamos parados en círculo, ya todos han regresado.

15. Ve una gran bola dorada de energía formándose en tu chakra corazón, cada vez más grande y brillante, luego se mueve de izquierda a derecha alrededor del círculo, en sentido contrario a las manecillas del reloj, pasando por el chakra corazón de cada persona presente. Ahora gira más rápido formando un anillo de oro, y nuestro grupo comienza a sentirse más coherente, luego gira aún más rápido aplanándose, formando un disco dorado y comenzamos a sentirnos incluso más coherentes.

16. Ahora como grupo comenzamos a cantar el mantra: Im Na Ma. Im Na Ma. Y el disco se convierte en una nave ET dorada, que nos rodea a todos.
Comienza a flotar suavemente, llevando nuestro cuerpo astral/de luz, y nos saca de la cubierta del hangar. Se detiene por encima de los anillos de Saturno y buscamos el punto azul pálido que es la Tierra.

17. Y ahora… hacemos un hiper-salto.

18. Ahora estamos nuevamente en la órbita geoestacionaria justo encima de nuestra ubicación aquí en la Tierra, una vez más, vemos el sol brillando en la Tierra y ahora consideramos la ubicación directamente debajo de nosotros.

19. Y ahora… hacemos un hiper-salto.

20. Nuestra nave dorada está justo por encima de nuestros cuerpos físicos y ahora está flotando hacia abajo, regresando nuestros cuerpos astrales/de luz a nuestros cuerpos físicos. Y luego la nave dorada se desvanece.

21. Cuando estés listo, respira hondo, abre los ojos y mueve tu cuerpo para indicar que has regresado.

22. Todos deberán permanecer en silencio hasta que todos hayan regresado.

23. Cuando todos hayan regresado, invita a las personas a comentar sobre cualquier experiencia que hayan tenido durante la meditación. No es obligatorio compartir. Es posible que desees preguntar si hubo alguien en el grupo que no haya tenido alguna experiencia en absoluto. En el próximo evento enfocarás tu atención en esa persona, asegurando que sean parte del grupo. Puedes pedirles a los demás que se centren también en los que no han tenido experiencias.

Consejo Interplanetario

Del libro *Evolución A Través del Contacto* por Don Daniels
Para obtener más información sobre su libro, así como acceder a otros recursos, visite el sitio web de Don en: http://www.becomingacosmiccitizen.com/index.html

---

Siéntate cómodamente en una silla relativamente vertical firme o ligeramente acolchada, con los pies separados y las manos en tu regazo con las palmas hacia abajo. Toma una serie de al menos siete respiraciones lentas y profundas, inhalando lo más lento y profundo posible, haz una pausa tan larga como te sea cómodo y luego exhala lenta y profundamente, y nuevamente haz una pausa tan larga como te sea cómoda.

Continúa, enfocándote en tu respiración, hasta que estés en un estado profundamente relajado. Ahora, visualiza tu respiración entrando por la parte superior de tu cabeza (como un delfín), que fluye por todo tu cuerpo, y pasa a través de la base de tu columna vertebral y sale por las plantas de los pies al exhalar. Permite que tu respiración introduzca amor puro y compasión, y exhala cualquier pensamiento o emoción negativos, purificándote así con cada respiración.

Ahora, comienza a enfocarte en la pausa entre las respiraciones y notarás que en la pausa hay un momento de profundo y hondo silencio. Entra suavemente en ese silencio y permite que se expanda más y más tiempo con cada respiración, hasta que finalmente el silencio llenará todo el aliento. Toma consciencia de la consciencia misma, no del sonido alejado que puedes escuchar, sino de aquello por lo que puedes escuchar ese sonido. De esta manera, los sonidos no serán una distracción, sino simplemente un reconocimiento de tu conexión a la consciencia fundamental que infunde cada entidad consciente en el universo. Luego deja ir el sonido y vuelve a centrarte en comunicarte con el profundo y hondo silencio que comienza entre las respiraciones, porque esta es tu conexión con la Consciencia Cósmica, la consciencia colectiva del universo mismo.

Ahora imagínate a ti mismo como un delfín jugando en el océano, saltando, girando y sumergiéndote, solo por el puro placer de hacerlo. Date cuenta de la alegría de tus percepciones y de tu libertad. Sumérgete profundamente en ese mar de consciencia pura, y luego nada hacia arriba tan rápido como puedas, salta en el aire y simplemente sigue adelante, cada vez más rápido cruzando la atmósfera, más allá de la luna, más allá de nuestros planetas y fuera de nuestro sistema solar. Mira a las estrellas pasar cada vez más rápido, hasta que llegas al espacio intergaláctico observando a todas las hermosas galaxias a tu alrededor. Únete con el silencio profundo y contempla qué hermoso universo ha forjado el Creador. Comprende de qué manera estamos todos conectados a través de esa creación y a través de nuestra conexión con la Consciencia Cósmica y cómo entonces ¡todos somos "Uno"!

Ahora concéntrate en la intención de que deseas visitar el Consejo Interplanetario y permite que tu consciencia te lleve en la dirección correcta. Puedes viajar a la velocidad de la consciencia, por lo que deberías llegar muy rápido. Conforme te acercas, toma en cuenta tus impresiones de la nave o el edificio. Y ahora, pide permiso para entrar. Lo más probable es que alguien te guiará o que puedas simplemente encontrarte dentro.

Saluda a cualquier guía con respeto y humildad, explica que deseas visitarles como representante ciudadano de la Tierra y pregunta si puedes visitar la cámara de consejo. Entra con la misma reverencia como si asistieras a una asamblea general de las Naciones Unidas. Lo más probable es que seas introducido en la galería de visualización. Desde aquí, observa y percibe la sensación de las cámaras. ¿Qué tan grande es la habitación? ¿Qué forma tiene? ¿Qué tan alto es el techo? ¿Cómo son las paredes y de qué materiales parece estar hecho? ¿Hay alguna mesa o área de negociación y cómo se ve? ¿Hay algún objeto en la mesa o sobre ella?

Ahora, presta especial atención a cualquiera de los diplomáticos que puedan estar presentes. ¿Qué impresiones tienes de ellos? Toma nota de su apariencia física y también de cualquier impresión emocional o mensaje telepático o impresiones que podrías recibir. Puede ser que hagas una conexión con uno de los diplomáticos. Ofrece tu disposición a ayudar con la evolución de la humanidad hacia el punto donde podemos llegar a ser completamente ciudadanos galácticos. Ahora percibe qué impresiones obtienes a cambio.

Ahora, da las gracias porque se te permitió estar ahí y prepárate para emprender tu regreso. Permite que tu consciencia salga de nuevo y vuele rápidamente a nuestra galaxia, a nuestro sol, a nuestra Tierra y que regrese a tu cuerpo. Tu consciencia conoce el camino y no se perderá. Y ahora, lenta y suavemente regresas poco a poco a la consciencia normal de vigilia, estando gradualmente más despierto con cada respiración.

Mientras todo está aún fresco en tu mente, toma notas de tus impresiones y pon el cuaderno al lado de tu cama. Muy probablemente encuentres ideas e inspiraciones fluyendo hacia tu consciencia durante las próximas semanas, especialmente en el estado hipnagógico justo cuando te estás quedando dormido o al despertar, así que tener el cuaderno a la mano te permitirá tomar notas de cualquier impresión que fluya a ti.

Energía resonante (CE-5 Aotearoa, Nueva Zelanda)

La intención básica de esta meditación es permitir un mayor intercambio o descarga de energías sutiles.

El anclaje a la tierra es importante y recomendamos a todos tener los pies puestos en la tierra durante este proceso. Los equipos pueden también tomarse de las manos si lo desean, o incluso pararse juntos en un círculo para la parte guiada. Comienza con una relajación general, pídele al equipo que se relaje, que respiren lento y profundo y que se centren en ellos mismos. Inhala paz y calma, y permite cualquier preocupación e inquietud fluir a través de tus pies hacia la Tierra mientras exhalas. Pídele a la Tierra que se lleve y maneje cualquier preocupación y problema y que nos ayude a centrarnos en nuestra intención actual. Pide a todos que visualicen/imaginen o simplemente "PERMITAN" que su cuerpo de energía/manos astrales, lleguen rápidamente al centro de la Tierra, reúnan parte de la energía de la Tierra y la lleven al primer Chakra. Esto puede ser tan rápido como exhalar enviando tu petición y subir la energía a medida que inhalas. Por lo general, hacemos esto TRES veces por cada Chakra antes de activarlo, ya que esto intensifica los sentimientos, sin embargo, cuando la gente está muy familiarizada con esto, puede hacerse una vez por Chakra. Con el método de tres veces (3X), para los dos primeros DETÉN o almacena la energía en el Chakra mientras que bajas de nuevo por la siguiente cantidad. En la 3er pasada, abre rápidamente tu primer Chakra ROJO luego relájate mientras lo observas brillando o girando, etc. Luego continúa bajando mientras exhalas, recoge más energía y súbela ahora al segundo Chakra, pasando la energía a través del primero mientras lo haces. Repite este proceso hasta que todos se hayan alineado y hayan abierto sus Chakras ROJO-NARANJA-AMARILLO-VERDE-AZUL-ÍNDIGO-VIOLETA.

A continuación, la RESONANCIA del grupo se equilibra compartiendo estas energías de Chakra en secuencia. Pide a todos los presentes que pasen la luz de su primer Chakra Rojo a la persona a su derecha, tomando al mismo tiempo de la persona a su lado izquierdo la energía equivalente. Repite esto rápidamente, pidiendo al equipo que acelere el procedimiento para que formemos un anillo rojo en sentido contrario de las manecillas del reloj a ese nivel. Sube al segundo Chakra Naranja y repite este proceso. Continúa hasta llegar al Chakra Corona Violeta. Ahora todo el equipo tiene sus centros de energía resonando uniformemente. Esta acción debe extenderse para incluir a los OTROS PRESENTES [ET, Seres Celestiales, etc.]

que están trabajando activamente con nosotros. Esto significa que la resonancia se extiende a través de AMBOS equipos. El centro del Corazón es el principal, pero es bastante fácil guiar al grupo con este proceso agregado antes de comenzar. Una vez que se establezcan estos anillos de chakra, el siguiente paso es establecer una forma única y común a través de la cual las energías pueden fluir en AMBAS direcciones.

Pídeles a todos que visualicen los anillos "colapsando" de tal manera que se junten en el nivel del Chakra Corazón. De la corona hacia abajo y desde la base hacia arriba. Esto formará un toroide, permite que se mezcle y se convierta en un anillo blanco de luz, girando en sentido contrario de las manecillas del reloj al igual que se hizo con los anillos al inicio. Ahora envía de vuelta al centro de la Tierra un vórtice espiral en el MISMO SENTIDO QUE LAS MANECILLAS DEL RELOJ desde este toroide. Esta es una "guía" para lo que sigue. Pídele a la Tierra que nos envíe un flujo de energía en sentido contrario de las manecillas del reloj que se empareje con el vórtice que acabamos de crear; conforme va llegando ve/imagina/permite que comience envolviendo el toroide del corazón, siguiendo a su alrededor firmemente en el sentido contrario de las manecillas del reloj como una bobina.

Ahora envía hacia arriba, a quien sea que está trabajando con nosotros, un vórtice energético EN EL SENTIDO CONTRARIO A LAS MANECILLAS DEL RELOJ también como una guía para ser imitada. Pídeles que respondan enviando un vórtice EN EL SENTIDO DE LAS MANECILLAS DEL RELOJ que coincida con el camino de nuestra guía; a medida que llega, permite que envuelva nuestro toroide, corriendo en el sentido de las manecillas del reloj una y otra vez. Permite que se "ejecute" o que se mueva a cualquier velocidad que necesite para resonar.

Esta fórmula es MUY PODEROSA y puedes experimentar flujos de energía significativos.

Pídele al equipo que mantenga esta "visión", este campo de energía, fuertemente dentro de sus pensamientos a medida que avanzas a la parte silenciosa de la meditación, en la que buscas cumplir la intención declarada del equipo de trabajo CE-5. Permite a los extraterrestres/seres celestiales o quien sea con quienes busquen trabajar, que usen este campo resonante para interactuar con tu equipo. Específicamente invita a que la energía celeste/cósmica relevante sea integrada/descargada al equipo a través de este proceso y forma resonante, y pide a todos los que estén dispuestos a hacerlo que absorban/se fusionen con estas energías, permitiendo que se distribuyan de manera útil como resultado.

MEDITACIONES: LIMPIEZAS

Las meditaciones de limpieza de energía ayudan a elevar tu vibración y a ser más consciente de las comunicaciones ET de todo tipo, internas y externas. Puede ser tan simple como bendecir y agradecer a cada célula de tu cuerpo, o bañarte en la más alta luz. Ungirte con hierba dulce o salvia es muy efectivo: crea una carga densa y neutral, liberando energía negativa, así como purificándote y limpiando un espacio sagrado. Para una limpieza más completa, intenta cualquiera de las curaciones/limpiezas de las siguientes páginas.

Limpieza de chakras

Instrucción: Comienza con respiraciones profundas. Relájate. Pasa por cada chakra, uno por uno, siguiendo la lista a continuación. Comienza en el chakra raíz en la parte inferior y dirígete hacia arriba. Visualiza cada chakra volviéndose más brillante, más ligero, más vívido. Respira en cada chakra y despeja cualquier escombro, tensión, falta de armonía o inmovilidad. Lee en voz alta los bloques de energía correspondientes del chakra y libera las emociones negativas y las falsas creencias asociadas con cada uno. Ve con tu ojo mental cada chakra brillando poderosamente e iluminando tu cuerpo con su color correspondiente. Siente la energía del chakra que fluye o gira libremente.

Chakra Raíz
Base de la columna vertebral / suelo pélvico / genitales - Rojo -Supervivencia. Bloqueado por el miedo. Acepta el sentimiento de miedo y debes saber, en última instancia, que los miedos no son reales.

Chakra Sacro
Abdomen inferior / unas pocas pulgadas debajo del ombligo -Naranja - Placer. Bloqueado por la culpa. Perdónate a ti mismo.

Chakra del Plexo Solar
Abdomen superior / arriba del ombligo- Amarillo -Fuerza de voluntad. Bloqueado por decepciones. Acepta todos los aprendizajes.

Chakra Corazón
En tu corazón - Verde esmeralda brillante - Amor -Bloqueado por el dolor. Acepta y libera pérdidas y el proceso de la vida. Todas las cosas cambian y vienen y van, pero el amor siempre se queda y es una energía infinita.

Chakra Garganta
Garganta - Azul turquesa- Verdad - Bloqueado por las mentiras que nos contamos. Enfréntate a ti mismo y permítete ser perfectamente imperfecto, vulnerable, digno.

Chakra del Tercer Ojo
El centro de tu frente, arriba de tu ojos - Índigo - Luz - Bloqueado por la ilusión de separación. Permite el conocimiento y saber que todos somos uno.

Chakra Corona
Parte superior de la cabeza - Violeta - Energía cósmica pura: bloqueada por apegos terrenales. Desapegate de todo lo que has amado, sabiendo que nada desaparece realmente.

Curación de influencias negativas/limpieza
(James Gilliland - ECETI)

La curación es una necesidad para todos aquellos que desean operar en otros reinos de conciencia. Debe tener autoridad propia y mantener el control. Si estás experimentando vibraciones negativas, ellas pueden ser el resultado de formas de pensamiento, conceptos mentales limitantes, vínculos psíquicos o entidades desencarnadas (almas perdidas) que necesitan curación. Están atados a la vibración de la tierra debido a actitudes y emociones de una vibración más baja. Algunos son coercitivos y desean manipular y controlar. El amor sana. Ahuyentarlos solo los envía a otro lugar o a otra persona. En toda curación, recuerda que Dios es amor. Es el poder del amor que cura y eleva. Te daremos los siguientes pasos para limpiar la energía.

1. Cierra tu aura visualizando una luz blanca o dorada a tu alrededor.
2. Llama a tu representante cultural elegido de Dios, ya sea Jesús, Buda, Babaji, María, Mohammed, Águila Blanca u otro de los muchos seres Crísticos Hermosos.
3. Diles a las entidades que están curadas y perdonadas, elevadas e iluminadas.
4. Diles que están curados y rodeados de La Luz de Cristo y el amor de Cristo.
5. Pídele a tu representante elegido que los lleve a su lugar perfecto.
6. Pide que todas las formas de pensamiento negativo y los conceptos mentales limitantes se disuelvan y se eleven a la luz de la verdad.
7. Pide que se corten todos los lazos psíquicos, y cierra las auras a todos menos al espíritu de la más alta vibración.

Repite este proceso hasta que te sientas limpio y despejado. Puede ser que haya más de una curación por hacer. Recuerda tu palabra es muy poderosa y lo que se dice en su nivel se manifiesta al instante. Muchos de los iluminados usan este proceso antes de abrirse. Crea un ambiente claro y seguro, y también eleva al que está haciendo la curación. La intención es nueve décimas de la ley. Si tienes la intención de servir y sanar, atraerás a las entidades con esa misma mentalidad. Si tienes la intención de obligar o manipular, nuevamente, atraerás entidades de mentalidad similar. Es la ley de la atracción. A veces, los espíritus desencarnados se sentirán atraídos por tu luz como una polilla a una llama. No te juzgues a ti mismo, simplemente curalos. Ellos son los que están en problemas, no tú. Ellos buscan tu ayuda.

Breve forma de oración de limpieza- después de realizar la parte inicial. Invoca a tu principal maestro o guía y otros seres divinos Crísticos o de mayor jerarquía.

DAMOS LA BIENVENIDA A TODAS LAS ENTIDADES EN AMOR Y LUZ,
LES HABLAMOS DESDE EL SEÑOR DIOS DE NUESTRO SER
DICIENDO QUE TODO ESTÁ SANADO Y PERDONADO
ELEVADO E ILUMINADO,
SANADO Y PERDONADO
ELEVADO E ILUMINADO
LLENO Y RODEADO POR LA LUZ DE CRISTO Y EL AMOR DE CRISTO
Y LE PEDIMOS A LOS MÚLTIPLES SERES CRÍSTICOS HERMOSOS QUE TE ESCOLTEN A TU LUGAR PERFECTO;
VE EN PAZ

(Ver el libro de James *Reunion with Source* para referencias de técnicas de curación avanzadas)

Limpieza de respiración de energía de la Tierra
(Abuelita Kiesha)

Párate con los pies descalzos en la Tierra. También puedes hacer esto en interiores, pero quítate los zapatos. Comienza respirando el color verde, el color de la energía de la Tierra, hacia arriba a través de las plantas de tus pies; siente esta energía de la Tierra llenando tus células y nutriendo cada centímetro de ti; con la primera inhalación, llévala hasta tus rodillas, luego exhala hacia abajo y hacia afuera a través de las plantas de tus pies, de vuelta a la Tierra.

En la segunda inhalación, lleva esta energía verde hasta la base de la pelvis (primer chakra), y exhálala de vuelta a la Tierra, sintiendo que envuelve tus muslos, tus rodillas, los tobillos y de vuelta hacia abajo a través de tus pies. Si tienes problemas para conectarte con cualquier área particular de tu cuerpo mientras haces esto, siente como la energía te llena y continúa con la respiración en esa zona hasta que te sientas listo para seguir avanzando.

En la tercera inhalación, lleva la energía hasta la pelvis inferior, justo debajo del ombligo (segundo chakra) y suéltalo de regreso hacia la Tierra. Asegúrate de centrarte en cada parte específica de tu cuerpo a medida que haces que la energía descienda; no pases rozando simplemente, más bien visualiza y siente la energía bajando y llenando tus extremidades, músculos, sangre, huesos, células.

En la cuarta inhalación, lleva la energía hasta la mitad del vientre (tercer chakra) y siéntela circulando y penetrando tu plexo solar. Muchos de nosotros llevamos mucha emoción reprimida en esta área de nuestro cuerpo, la cual está atada a nuestra voluntad y sentido de empoderamiento, el sentimiento general de quienes somos. Es posible que necesites respirar varias veces a esta

Atribución de la imagen: www.getdrawings.com

zona. Deja que la energía curativa de la Tierra abra suavemente tu vientre y afloje esos lugares que están apretados, que se aferran a viejas energías y miedos. Cuando te sientas relajado y abierto, y puedas sentir un calor allí extendiéndose, entonces sabrás que puedes seguir adelante.

En la quinta inhalación, respira la energía hasta el pecho (cuarto chakra) y siente como envuelve y penetra tu corazón. Siente cómo se expande en la cavidad torácica, tus pulmones, tus costillas. El área del corazón lleva mucha emoción vieja, y muchos de nosotros tenemos mucho dolor aquí. Deja suavemente a la Madre Tierra tocar este lugar en ti. Haz esta respiración tantas veces como necesites hasta que sientas calor esparciéndose, hasta que sientas relajación y apertura en esta zona. Deja que lo que sea que has estado cargando sea liberado de nuevo en la Tierra, deja que se vaya y baje a través de las plantas de tus pies de regreso a la Tierra. Así como una madre no es dañada por calmar y recibir dolores y problemas de sus hijos, la Madre Tierra nunca es dañada por ti conectando con ella de esta manera.

En la sexta inhalación, respira la energía hasta la garganta (quinto chakra) y siente como abre esta área, que está conectada a tu voz y a que hables tu verdad. Luego exhala de nuevo a la Tierra.

En la séptima inhalación, respira la energía hasta la mitad de tu frente, entre los ojos (sexto chakra — tercer ojo) y siente esta parte de ti, conectada a la visión espiritual, a una percepción más allá y a la intuición, abriéndose y recibiendo suaves caricias, conectada a la Madre Tierra. Exhala de vuelta a la Tierra.

En la octava y última inhalación, lleva la energía hasta la cima de tu cabeza (séptimo chakra- corona) y siente la parte superior de tu cabeza abriéndose a la orientación espiritual y a la luz del cosmos. Siente la energía de la Madre Tierra acariciando y abriendo esta área, anclándote entre la tierra y el cielo, como hijo de la Tierra y del cosmos. Llena tu cara, tu cráneo, tu cerebro, tus glándulas, tu cabello con esta luz nutritiva verde, conectándote con toda la vida. En tu última exhalación, exhala la energía a través de tus manos- bajando por tus brazos y hacia afuera a través de tus palmas y de vuelta a la Madre Tierra. Esto crea un círculo completo de energía. Ahora estás conectado a lo que te sostiene en la vida, lo que siempre está allí para ti. Esta potente fuerza energética verde puede ayudarte a sanar, revitalizar y equilibrar todo tu ser.

Meditación de anclaje y energía cósmica
(Hollis Polk)

Por favor siéntate cómodamente en algún lugar donde estés bien apoyado, con tus pies en el piso y tus manos descansando cómodamente y por separado en tu regazo o en los brazos de la silla.

Ahora... por favor, cierra los ojos y haz una respiración profunda. Respira muy profundamente y mientras sueltas el aire, solo... relájate... soltando conscientemente tus músculos y fundiéndote en lo que sea que estés sentado. Ahora... haz otra respiración profunda... y nota la manera en la que tu asiento está sosteniéndote, nota lo fácil, cómodo y sólido que es ... ahora haz otra respiración profunda y mientras sueltas el aire, observa la temperatura del aire en tu mejilla y permite que eso te relaje... aún más...

Respira profundamente otra vez ... y mientras exhalas, comienza a enfocarte en la base de tu columna vertebral... Y con la próxima respiración profunda imagina que hay un pequeño enchufe en la base de tu columna vertebral ... y ahora ... suavemente... aflójalo... imagina que hay una corriente de energía que fluye hacia abajo desde la base de tu columna... puedes ver esta energía como un cordón, o un color, fluyendo hacia abajo, o puedes sentirlo como una textura o temperatura, o puedes incluso escucharlo como un tono... fluyendo suave, fácil y automáticamente ... desde la base de tu columna vertebral a través de tu asiento... a través del suelo... ... a través de los cimientos del edificio, y abajo hacia la tierra debajo de eso ... y deja que se mantenga fluyendo hacia abajo ... hacia abajo ... hacia abajo ... a través de la tierra, en la roca debajo de ti ...fluyendo hacia abajo ... a través de la roca de fondo, a través de la corteza terrestre, hacia abajo por el manto de la tierra ... abajo ... abajo ... abajo ...en el núcleo fundido de la tierra ... y permite que cualquier cosa en tu cuerpo o cualquier energía dentro o alrededor de ti que necesite ser sanada o transformada, fluya hacia abajo por su cordón de anclaje, donde la Madre Tierra puede sanarla y transformarla.

Y permite que un poco de esa energía curativa, transformadora comience a subir por un cordón, que es paralelo a tu cordón de anclaje. ... puedes ver esta energía como un haz de luz en un color particular, que fluye hacia arriba o puedes sentirlo como temperatura o una textura, o incluso puedes escucharla como un tono... o una armonía... Y permite que esta encantadora energía se eleve... desde el núcleo de la tierra, a través del manto de la tierra, arriba hacia la corteza terrestre y a través de la corteza terrestre, arriba en la roca de fondo debajo de tus pies, arriba hacia la tierra, arriba en por los cimientos del edificio, subiendo por cualquier espacio por encima de eso, a través del piso, subiendo por los chakras de tus pies que están abiertos y esperando.

La almohadilla de cada dedo del pie tiene un pequeño chakra, como un vórtice, que se abre como el iris de una cámara. Y hay un chakra más grande en el centro de cada pie, que también se abre como el iris de una cámara. Conforme la maravillosa energía de la tierra llega a tus pies, fluye hacia arriba, suave y fácilmente, a través de los charkas abiertos del pie hacia tus pies, arremolinándose a través de ellos, sanando y transformando, calentando y calmando, llenándolos con esta maravillosa energía, maravillosa luz, o calor o incluso textura o sonido. Y a medida que llena tus pies, se arremolina hacia arriba a través de las articulaciones del tobillo, calentando y curando, calmando y transformando... dejando ir...

Y este hermoso color, o calidez, o tono o energía continúa fluyendo hacia arriba ... arriba ... subiendo por tus pantorrillas, fluyendo a lo largo de los huesos, calentando y relajando, calmando y soltando e irradiando, hacia los tendones, los músculos, la piel e incluso llenando el campo de energía alrededor de tus piernas...

Y la energía continúa fluyendo hacia arriba, girando y sanando a través de tus rodillas, calentando, ablandando, soltando...

Y la energía continúa subiendo a lo largo de los huesos de tus muslos, calentando y sanado, suavizando y relajando, aflojando y soltando. Se mueve desde los huesos, hacia los tendones, los músculos, la piel e incluso llenando el campo de energía alrededor de tus muslos con esta maravillosa luz o calor o sonido o energía. Solo sanando y calmando y relajando... dejando ir...

Y la energía continúa girando y sanando a medida que se mueve desde los muslos hacia arriba a tu cavidad pélvica. La energía fluye y se arremolina, sana y se transforma mientras te relaja los músculos y todos los órganos internos. Puedes ver esto como una luz que llena la cavidad pélvica, o sentirlo como una energía o un calor o una textura, o incluso escuchar un tono. Y conforme esta energía llena tu cavidad pélvica, notas un pequeño flujo de esta maravillosa energía que continúa por tu cordón de anclaje de vuelta a la tierra, completando un circuito. Entonces sabes que eres parte de la energía de la tierra…

Y con esta energía aún fluyendo, comienza a enfocar tu atención en el centro del universo … y permite una maravillosa luz de color… o tal vez un tono… o calor… o textura… comience a fluir desde el centro del universo…

Bajando hacia la galaxia de la Vía Láctea… Bajando hacia el sistema solar… Bajando a la atmósfera de la tierra… Bajando al cielo sobre tu cabeza …Y bajando por el techo sobre tu cabeza…

Y a través del espacio debajo de eso, a través de cualquier viga y techo e incluso pisos, si hay alguno, en el espacio justo sobre tu cabeza…

Y bajando por la coronilla de tu cabeza … y de allí a la base de tu cráneo y bajando a lo largo de la espalda vertebra por vértebra … a lo largo de tu cuello, en la parte posterior de tu pecho, y a lo largo de tus vértebras lumbares hasta la base de tu columna.

Y un poco de esta energía fluye desde la base de tu columna hacia abajo a lo largo de tu cordón de conexión al centro de la tierra. Ahora sabes que TÚ eres la conexión de la energía terrestre con energía cósmica de la Madre Tierra y el Padre Cielo. Incluso puedes sentir un pequeño tirón en la base de tu columna vertebral y en la parte superior de tu cabeza al reconocer esta conexión… o puedes sentir que automáticamente te sientas un poco más recto en tu silla…

Y más de esta maravillosa energía cósmica se mezcla en tu cavidad pélvica… puedes verla llena de ambos colores simultáneamente, o verlos mezclarse para hacer un tercer color, o ver un color atravesado con destellos del otro… como sea que lo veas está bien… puedes percibir un sentimiento inusual, o puedes escuchar dos tonos o una armonía… y la forma en que este maravilloso color o sonido o la sensación inunda tu cavidad pélvica, se expande en tu campo de energía alrededor de tu torso inferior y se expande fluyendo por los canales frontales de tu columna vertebral subiendo… subiendo… subiendo… suave y fácilmente para llenar tu centro del corazón… y se expande desde ahí para llenar tu pecho y tus hombros y la energía comienza a fluir por tus brazos, llenándolos, fluyendo y girando hacia abajo… a través de tus codos hacia la parte inferior de los brazos y hacia abajo a través de ellos hasta tus muñecas…

girando a través de tus muñecas en tus manos llenándolas con esta hermosa luz o tono o sensación... simplemente permite que eso suceda... y la energía fluye a través de tus palmas y dedos hacia el espacio a tu alrededor, llenando el espacio alrededor de tus manos y tus brazos y tu pecho con este hermoso color... o sonido... o sentimiento... Y la energía comienza a subir de nuevo- desde tus hombros hacia tu cabeza ... llenando tu cabeza con este maravilloso sentimiento... o sonido... o color... hasta que la energía fluya hacia afuera de la cabeza a unos 50 o 60 cm sobre tu cabeza donde se convierte en una fuente... la energía fluye alrededor de todo tu campo de energía, limpiándolo, sanándolo, calentándolo, relajándolo, llenándolo con esta maravillosa luz curativa, o sonido o sentimiento, limpiándolo, despejándolo... sacando suavemente cualquier cosa que no sea saludable para ti...

Y solo disfruta de esa increíble sensación de ser la conexión entre la tierra y cielo, en ti y a tu alrededor...

Y simplemente disfruta de ese maravilloso flujo de energía ...

Y cuando estés listo... vuelve a la habitación... abre los ojos... muévete un poco... es posible que desees inclinarte y tocar el piso para soltar cualquier exceso de energía ...

estás completamente en tu cuerpo

consciente...

despierto...

vivo...

y

¡como nuevo!

Meditación de anclaje a la Tierra mientras estás acostado (Hollis Polk)

Podrías usar esta meditación para esos CE-5s en los que estás acostado sobre una manta bajo las estrellas.

Por favor, recuéstate sobre tu espalda, apoyado cómodamente con almohadas, o lo que sea que necesites. Deberás estar confortablemente caliente, pero aún lo suficientemente fresco como para que te quedes despierto…

Respira hondo… y mientras exhalas… permítete sentir el apoyo de lo que sea en que estés acostado… toma otra respiración profunda y mientras exhalas… siente ese apoyo en tu espalda… y en la parte posterior de las piernas… siente ese apoyo en tus talones y en tus brazos.

Ahora… toma otra respiración profunda… y mientras exhalas… siente la temperatura del aire en tus mejillas… realmente lo notas… es cálido… es fresco… es justo lo ideal… ¿la temperatura del aire es igual en ambas mejillas?… permítete suavemente notar eso…

Ahora… toma otra respiración profunda… y al exhalar, solo nota cuán bien está la cabeza apoyada… y qué tan relajado te sientes …

Y a medida que te relajas, puedes comenzar a notar como, lo que sea en lo que estés recostado es parte de la tierra. De lo que sea que esté hecho proviene, de una forma u otra, de la tierra, ya sean plumas que vienen de patos que caminaron por la tierra y fueron alimentados por ella o si es madera de árboles que crecieron en la tierra o incluso, alfombra hecha de petróleo del interior de la tierra… o algo completamente diferente… así que ESTÁS acostado en la tierra. Y puedes imaginar que estás acostado directamente sobre la tierra… tal vez estás acostado en una pila de hojas o en el suelo del bosque o en un campo de hierba o en una playa u otro maravilloso lugar natural… estás acostado en la tierra…

Y ahora puedes dar permiso a que tus músculos simplemente se fundan en la tierra … deja que tus brazos se derritan… deja que tus piernas se derritan… deja que tus caja torácica se derrita… solo siente cómo se hunden en la tierra… y te puedes imaginar su energía fluyendo por la tierra debajo de ti... abajo en la roca...a través de la roca hacia el manto de la tierra... fluyendo hacia abajo a través del manto de la tierra rápida y fácilmente... bajando hasta el núcleo fundido de la tierra.

Ahora imagina que este flujo de energía es un cordón gigante, de conexión a la tierra, conectando cada célula de tu cuerpo al centro de la tierra. Y ahora imagina que la Madre Tierra te está enviando su amor, en forma de energía, subiendo por este cordón de anclaje. Puedes ver esta energía como... un haz de luz en un color particular, fluyendo... o puedes sentirlo como una temperatura o una textura, o incluso puedes escucharlo como un tono... o una armonía... Y permite que esta encantadora energía se eleve... desde el núcleo de la tierra, a través del manto de la tierra, subiendo hacia la corteza terrestre y a través de la corteza terrestre, hasta el lecho de roca debajo de ti, subiendo hacia la tierra, subiendo hasta tus células que la esperan. Y todas y cada una de tus células absorben el amor de la Madre Tierra y saben que están conectadas a la Madre Tierra. Y cada célula es renovada y refrescada por su conexión a la Madre Tierra.

La Madre Tierra quiere que tengas mucha energía. Entonces, conforme vuelves a la normalidad, a la conciencia despierta, comienzas a moverte fácil y suavemente. Quizás mueves tus dedos de las manos y de los pies, y ahora tus manos y pies. Y ahora tus piernas y brazos e incluso tu cabeza y torso. Te sientes...

consciente...

despierto...

vivo...

como nuevo...

¡y listo para seguir!

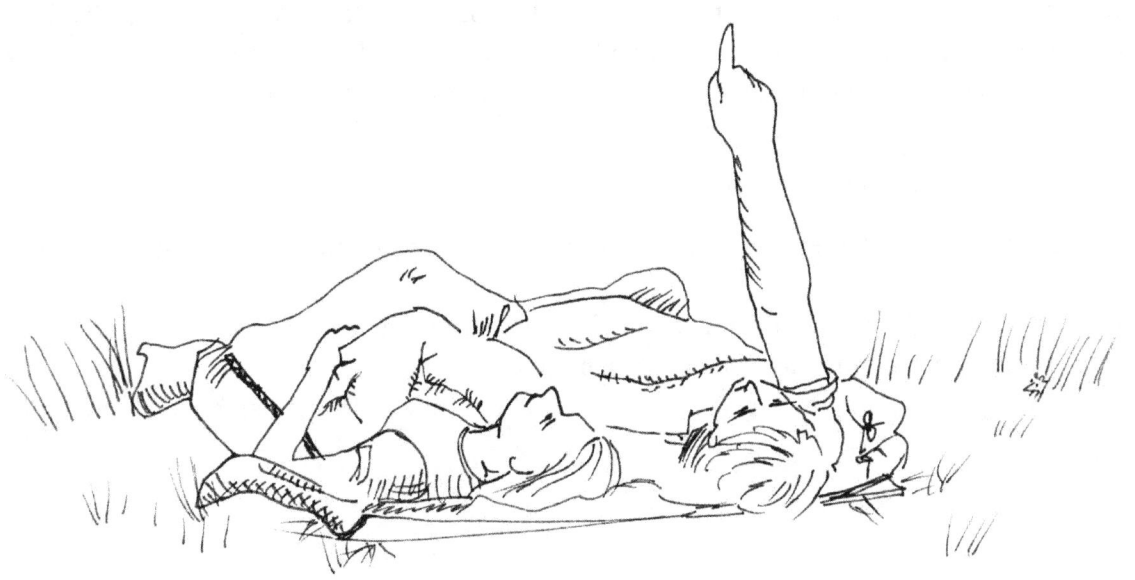

VISIÓN REMOTA

El astronauta y Dr. Edgar Mitchell recomienda la visión remota como método viable para comunicarse con ETs. El Dr.Mitchell creó la organización *The Foundation for Research Into Extraterrestrial and Extraordinary Encounters* (FREE- en español: Fundación para la Investigación de Encuentros Extraterrestres y Extraordinarios) . Una de nuestras miembros más antiguos del grupo, Keiko, es nuestra estudiante residente de visión remota. Aquí está lo que ella tiene para compartir:

La VR (Visión Remota) es una práctica que nos ayuda a desarrollar nuestra capacidad innata para ver y detectar ubicaciones particulares, estructuras físicas, personas, eventos, sin necesidad de estar físicamente allí para verlos o sentirlos. La visión remota se trata de ver, oír, oler, saborear, sentir sensaciones y emociones en el tiempo y el espacio remotos. Tú puedes haber experimentado aleatoriamente fenómenos paranormales similares, como déjà vu o premoniciones. En contraste, VR se hace conscientemente al enfocarte en un 'objetivo' mientras estás en el estado meditativo.

Cómo Ver Remotamente

- Siéntate en silencio y deja ir a tu mente ocupada y vacíate.
- Conéctate a un objetivo y date cuenta de que estás conectado.
- Describe y extrae la información que recibes a través de tus cinco sentidos y más, como información en bruto. En otras palabras, describe la información sin inventar tus propias historias. (Sincronizando los hemisferios derecho e izquierdo del cerebro). Estás tratando de alejarte de la imaginación, la memoria y / o la deducción.
- Organiza y analiza la información.

Habilidades/Actitudes que Puedes Desarrollar Mediante la Visión Remota

Al sincronizar los hemisferios derecho e izquierdo del cerebro durante la práctica de VR podemos desarrollar nuestras habilidades psíquicas. Además, la detección de objetivos remotos nos brinda la experiencia de la unidad. Darnos cuenta de que estamos conectados el uno con el otro con nuestros pensamientos/intenciones puede hacernos humildes con los demás.

Un entrenador experimentado de VR en el Instituto Monroe ha dicho que nunca se ha encontrado con ninguna persona que no pueda ver ni sentir nada al final de un taller de un fin de semana. Todos tenemos la habilidad y podemos desarrollar la habilidad practicando. La práctica te dará confirmación de tu verdadera naturaleza de ser no local y uno con el campo unificado de conciencia.

Para Comenzar a Practicar la Visión Remota

En su DVD el Dr. Greer recomienda agudizar nuestra intuición practicando los siguientes ejercicios:

- Intuye quién es la persona que llama antes de contestar el teléfono.
- Intuye quién es el visitante antes de abrir la puerta.
- Intuye un objeto que alguien haya colocado en una caja, o una foto o palabras colocadas en un sobre.

Hay diferentes métodos y técnicas de visión remota para elegir. Puedes encontrar libros, DVD, talleres, sitios web, etc. en VR. Hay apps y sitios web que ofrecen objetivos de VR como http://www.rvtargets.com/. Registrarse y usarlo es gratis.

Cómo Usar la Visión Remota para CE-5

Cuando estén en el campo durante CE-5, comiencen meditando con un mantra, sonido, visualización, meditación guiada, etc. Cuando lleguen al estado de silencio, comiencen a enfocarse en su objetivo:

- Guía a los ETs a tu ubicación yendo al espacio y luego regresando a tu ubicación con tu conocimiento consciente.
- Visita un planeta, galaxia o estrella.
- Encuentra diferentes civilizaciones galácticas.
- Encuentra o conoce a un Ser Estelar.
- Ve a la Estación Espacial Internacional.
- Ve a una Reunión Galáctica.
- Ve a la Estación Espacial en los Anillos de Saturno.

Como se mencionó anteriormente, la Visión Remota no se trata solo de captar imágenes, sonidos, texturas u olores de alguna ubicación. También puedes captar las emociones, sentimientos y pensamientos que ofrece un lugar. Algunos astronautas tuvieron los siguientes sentimientos y pensamientos mientras flotaban en el espacio:

- Todos están conectados entre sí.
- Es un lugar familiar, como el hogar.
- No hay absoluto.
- Necesitamos cuidarnos unos a otros.
-

¿Qué verás/sentirás cuando veas remotamente el espacio mientras tu cuerpo está en un círculo en el lugar de contacto?

Enlaces

Aprende más sobre Visión Remota en los siguientes enlaces:

Curso de Visión Remota de Prudence Calabrese (7 videos) https://youtu.be/uij1clj9FzY
La historia secreta de la Visión Remota de EE. UU. https://youtu.be/kUOu7MJnpO4
Ingo Swan – Súper Sensibilidades Humanas y el Futuro https://youtu.be/rHH5PBS2H_I
Joe McMoneagle, Las Crónicas de Stargate, MUFON Conv 2/16/06 https://youtu.be/egk7V8XKRWQ
John Vivanco Espía Psíquico – Parte 1 de 3 https://youtu.be/ZTEtvMoUjas
John Vivanco Espía Psíquico – Parte 2 de 3 https://youtu.be/y0W8MHbZ9N0
John Vivanco Espía Psíquico – Parte 3 de 3 https://youtu.be/NXvT0OC98Nc
Lecciones aprendidas del programa Stargate con Edwin May https://youtu.be/L811nO601sg

COMUNICACIÓN BIO-ELECTROMAGNÉTICA

Los humanos tienen el potencial de emitir un campo de fuerza muy poderoso. Una vez tuve un momento accidental de telequinesis que evidenció esto para mí misma. Creemos que esta sección es la vanguardia de CE-5 y nuestra propia evolución. Muchas gracias a Jeremy de CE-5 Aotearoa en Nueva Zelanda, quien compartió con nosotros esta técnica avanzada de comunicación.

Este proceso se centra específicamente en la comunicación energética a través del campo bio-electromagnético del corazón: el toroide. Se basa en el aprendizaje experimental de varios casos de contacto e interacción de proximidad.

Principios:

• La forma geométrica utilizada para describir la naturaleza autorreflexiva de la conciencia es el toroide o toro. El toro puede ser usado para definir el funcionamiento de la conciencia misma; por lo tanto, la conciencia tiene geometría.

• El toro permite que se forme un vórtice de energía, que se dobla hacia atrás sobre sí mismo y vuelve a entrar. Va de 'adentro hacia afuera', fluyendo continuamente hacia sí mismo. Por lo tanto, la energía toroidal se refresca continuamente e influye continuamente en sí misma.

• Cuando el toro está en equilibrio y la energía fluye, estamos en el estado perfecto para ser nosotros mismos. La autenticidad es un componente clave en la conexión con ETs y seres celestiales.

• El campo magnético del corazón es toroidal y se comunica por todo el cuerpo y hacia el ambiente externo. Es una modalidad de comunicación energética no verbal que se puede utilizar para comunicarse de manera efectiva entre unos y otros, el medio ambiente y otros tipos de seres.

• Debido a que los campos toroidales electromagnéticos son holográficos, es probable que la suma total de nuestro Universo esté presente dentro del espectro de frecuencia de un solo toro. Esto significa que cada uno de nosotros está conectado a todo el Universo y puede acceder a toda la información que contiene en cualquier momento.

Esquema del Proceso:
Este es un resumen del proceso general que debe hacerse como una meditación guiada y llevada a cabo por el facilitador del equipo. Este proceso no es fijo, es un "trabajo en progreso" y debe abordarse con creatividad y flexibilidad. Durante este proceso pueden ocurrir eventos de contacto significativos; por lo tanto, la adaptabilidad es a menudo necesaria. Déjate guiar por lo que ocurra naturalmente y permanece presente dentro de la energía coherente y los principios anteriores.

• Céntrate en trabajar como un equipo CE-5 completamente unificado con la intención colectiva compartida de la paz y unidad Universal. Se pueden formar equipos específicos con aquellos que naturalmente resuenen con esta intención.

• Establece un campo de energía toroidal coherente dentro del equipo CE-5. Si es la primera vez que realizas este proceso, completa la Meditación de Energía Resonante primero. Una vez familiarizado con el establecimiento de un campo de energía toroidal coherente, créalo a tu propia manera para que funcione mejor para tu equipo, luego continua con este proceso. Pon nuevas ideas a prueba.

- Elige conscientemente unir la intención colectiva compartida del equipo dentro de la estructura del campo de la energía toroidal. Concéntrate en ser uno. Combina tu voluntad divina basada en el corazón en la forma toroidal y da vida a todo el espectro de color, viendo así la forma más clara y brillante en la conciencia, observa cómo te rodea. Fusiónalo conscientemente con otros en el equipo.

- E-moción, energía en movimiento. Energiza el campo toroidal llenando el centro de tu corazón con las emociones de amor, alegría, paz, gratitud, etc. Permite que estos sentimientos se desborden y se fusionen dentro de la estructura vibratoria del toro, sintiendo un aumento en la velocidad del flujo de energía y como resultado activándose aún más. Céntrate en una energía del corazón punto cero singular al centro del círculo, siendo este el centro del corazón del equipo.

- Reconoce que cada uno de nosotros está conectado a todo el Universo y que puede acceder a toda la información que contiene en cualquier momento dado, a través de nuestro centro cardíaco. Cuando accedemos a lo que está presente en nuestros corazones, estamos literalmente conectando con el suministro ilimitado y la sabiduría del Universo. Esto permite que lo que llamamos milagros estén presentes con nosotros. Abraza este conocimiento que existe dentro de nuestro centro cardíaco. Permite que simplemente resuene como Verdad Universal y que irradie desde nuestro ser.

- Mantén este espacio abierto para la comunicación. Transmite información energética a través del espectro electromagnético toroidal del corazón. Inicialmente, enfócate en una invitación energética. Transmite esta invitación al entorno inmediato y luego a los alrededores distantes mediante la expansión de la forma toroidal en la conciencia. Amplíalo para abarcar todo el planeta, luego redúcelo al área local. Repite varias veces expandiéndote aún más cada vez, directamente al espacio, invitando continuamente a todos los seres que resuenan con la intención. Muévete sin esfuerzo en conciencia a través de la conectividad toroidal. Debes saber que la información que comunicas a través de esta forma es probablemente recibida por otros seres sintientes. Irradia la energía de invitación y lo que creas que es mutuamente importante compartir en el establecimiento de la comunicación. Asegúrate de tener también espacio para las respuestas.

- Fluctúa tu enfoque dentro de todos los parámetros del toroide compartido, expandiendo el conocimiento consciente toroidal al verlo infinitamente grande e infinitamente pequeño al mismo tiempo, tanto interna como externamente. Conscientemente sigue las atracciones magnéticas centradas en el corazón a ciertas ubicaciones, inicialmente dentro del entorno local, luego en otros parámetros. Resuena la intención de conectarte con los seres que podrían estar allí en esa ubicación específica. Permítete expandirte tanto como puedas y sentir todo lo que puedas. Pídeles que verifiquen su presencia de manera obvia y sin que quede duda para ti y para el equipo. Si se verifica la comunicación, guía al equipo a enfocar la energía centrada en el corazón en ese parámetro específico y pide a los seres que estén tan presentes y sean tan interactivos como puedan. Sostén la energía para que se conecten más y disfruten del amor de ser embajadores de la Tierra.

MÚSICA Y SONIDO

Barbara Marciniak habla de la importancia del sonido a lo largo de su colección de canalizaciones:

"El sonido es una herramienta para la transformación. Los guardianes de la frecuencia, que es en lo que te animamos a convertirte, aprenden a modular la frecuencia que tienen a través del sonido. El sonido puede penetrar cualquier sustancia, mover moléculas y reorganizar las realidades. Puedes comenzar a trabajar con el sonido permitiéndole reproducirse en tu cuerpo. Céntrate, despeja tu mente y deja que los tonos te atraviesen. Las antiguas escuelas de misterio trabajaban con el sonido de esta manera, y es una técnica muy poderosa cuando se hace en grupo. Llegarás muy lejos con tu uso del sonido después de trabajar con él por un tiempo. Es como una herramienta poderosa que se le está dando a un bebé. Sin el conocimiento consciente adecuado, podrías hacer cosas, y no darte cuenta de las ramificaciones de lo que estás haciendo.

"Piensa en lo que hace el sonido en estadios y auditorios. Los vítores o abucheos de una multitud crean un ambiente. Cuando grupos de ustedes hacen sonido juntos, crean un ambiente para ustedes mismos. Permiten que ciertas energías toquen los instrumentos de sus cuerpos. Dejan ir ideas preconcebidas y permiten que diferentes melodías y energías usen sus cuerpos físicos como oportunidades para representarse ellas mismas en el planeta. En realidad, lo que experimentan es la fuerza vital de energías que permiten que se expresen a través de ustedes mismos. Se convierten en canales. Permiten que una vibración llegue al planeta en toda su gloria a través de sus cuerpos y su cooperación articulada. Traen algo a la vida. Crean una oportunidad y la energía se aprovecha de esa oportunidad.

"El sonido va a evolucionar. Ahora los seres humanos pueden convertirse en instrumentos para el sonido a través de la entonación. Ciertas combinaciones de sonidos reproducidos a través del cuerpo desbloquean información y frecuencias de inteligencia. Guardar silencio durante un largo período después de los armónicos permite a los seres humanos usar sus cuerpos como dispositivos para recibir y absorber las frecuencias, y para usar el vehículo de respiración para llevarlos a un estado de éxtasis. Cuando haces entonaciones con otros, tienes acceso a la mente grupal que no tenías antes de hacer el sonido. La palabra clave es "armonía".

"Lo que pretendas hacer con el sonido es de suma importancia. Si no tienes claras tus intenciones, el sonido puede tener una forma de envolverse en sí mismo y superar su capacidad original. Se duplica y cuadruplica con su propio impacto. Es muy importante que tengas una intención clara de lo que planeas hacer con el sonido. El sonido excita la energía. Crea una onda columnar vertical, construyendo frecuencia sobre frecuencia. Esta energía puede entonces ser dirigida hacia cualquier cosa. Cuando haces sonido en un círculo, o en la circunferencia de un pilar de luz, creas una columna que es capaz de muchas más cosas de las que te has dado cuenta. Es capaz de crear explosiones y de destruir y crear muchas realidades".

Tomado de: *Bringers of The Dawn*
https://www.pleiadians.com/dawn.html

Usando el Sonido en CE-5

La música es una herramienta poderosa. Nos mueve, nos cambia y nos eleva. El sonido puede apoyar nuestra capacidad de relajarnos y de ir hacia adentro y hace que sea más fácil conectarse a la unidad universal.

Durante CE-5 puedes:

- Reproducir sonidos/canciones en el fondo de la conversación grupal, la instrucción o la meditación
- Reproducir sonidos/canciones como foco del grupo
- Cantar juntos
- Hacer una *Puja* (oracaión)
- Entonar
- Tocar tambores
- Tocar un Didgeridoo
- Usar cuencos
- Tocar campanas
- Usar diapasones
- Etc.

Haz lo que te atraiga y complementa tu agenda CE-5 con lo que más le guste al grupo.
Si estás interesado en el sonido como herramienta curativa para ti mismo puedes:

- Ir a la página de sanación sonora de Tom Kenyon: http://tomkenyon.com/music-sound-healing
- Escuchar a Mozart, o cualquier otra cosa que te levante. Samoiya Shelley Yates habla sobre esto en su increíble historia: https://www.youtube.com/watch?v=KHGyu_AXNWg&t=9s
- Ir al Instituto Monroe para obtener algunos CD de sincronización hemi (hemi-sync): https://www.monroeinstitute.org/store
- Tomar la meditación Omnec Onec Soul Journey, que es una hermosa sinfonía que fluye a través de todos los estados de conciencia: http://omnec-onec.com/meditation-cdsouljourney/
- Escuchar los primeros tres minutos de la séptima sinfonía de Beethoven. Según Bashar, esta música tiene un profundo efecto curativo: https://www.youtube.com/watch?v=RpJeWvFZ_fg&t=1675s

PUJAS

Una puja es una ceremonia que se originó en la India para honrar y adorar a las deidades hindúes. A menudo se ritualiza con accesorios tales como un thali grande (bandeja), velas, campanas, tazas/tazones y cucharas de latón o plata, agua pura, salvia, varitas de incienso, flores, frutas, arroz crudo e imágenes y/o figuras de los Maestros Ascendidos.

Una puja se canta en sánscrito. Se cree que el sánscrito es la raíz de todas las lenguas indoeuropeas. Es antiguo: puede ser el remanente de un idioma hablado durante la última Edad de Oro y su origen puede ser interestelar. Se cree que las palabras sánscritas son la entonación sonora que coincide con mayor precisión con aquello que la palabra describe. Si se usa correctamente con altos estados de conciencia, algunos creen que se puede manifestar usando el idioma sánscrito.

En el contexto de CE-5, la puja está secularizada. En cambio, la ceremonia no representa una oración a una deidad particular pero una oración general, adoración u honra al cosmos o al linaje colectivo de los Maestros Ascendidos (p. ej. como Buda, Babaji, Krishna, Jesús, Sai Baba, etc.), que han ayudado y aún ayudan en el desarrollo espiritual de nuestro mundo. Hacer una puja durante un CE-5 puede ser muy simple. Coloca algunos cristales u otros objetos sagrados en una mesa pequeña, enciende una vela y también incienso. La salvia también es buena para quemar. Canta "Om" varias veces y luego canta la Puja por un rato. Deja que la vela y el incienso ardan hasta que el CE-5 se haya terminado.

Pujas para incluir en un CE-5:

La Puja del Gurú Isha Yoga
El Dr. Greer canta una puja muy larga y que te mantiene involucrado. Llevaría mucho tiempo memorizarla, por lo que lo más fácil de hacer es encontrarla en YouTube y convertirla a mp3 con un convertidor de YouTube a mp3 en línea (como https://ytmp3.com/). Busca: "Joshua Tree 2015 - Puja with Dr. Steven Greer" https://www.youtube.com/watch?v=iN2dpW2mjn0

Im Nah Mah
Este mantra se traduce como "cerca de Dios" o "uno con el ser superior". La melodía de esto es: G-C-C (o cualquier otro quinto intervalo). Una vez que cantas la melodía varias veces para que la gente entienda la melodía, haz que todos continúen el canto internamente durante la meditación.

Para escuchar cómo suena, puedes encontrarlo en YouTube si buscas "Cosmic Consciousness Meditation Part 1 of 5" (https://www.youtube.com/watch?v=vo72V0S2me8)

El Mantra Gayatri

Este mantra adora a la diosa Gayatri, que no se considera una deidad o una semidiosa, sino la única personalidad suprema. Es una puja encantadora y alegre que celebra nuestro movimiento hacia lo femenino a medida que la energía de la Diosa se acrecienta y gana impulso durante este tiempo transformador. Busca "Mantra Gayatri" en YouTube para escuchar la melodía. Hay varias versiones, elige tu melodía favorita.

Om bhoor bhuvah svah
Tat savitur varenyam
Bhargo devasya dhimahi
Dhiyo yo nah prachodayat

Traducción:
(Oh) Supremo; (quien es) los mundos físicos, astrales (y) causales (ella misma).
(eres) la Fuente de todo, mereciendo toda adoración
(Oh) Radiante, divino; (nosotros) meditamos (sobre ti)
Impulsa nuestro intelecto (hacia la liberación o la libertad)

Mantra Moola

Este mantra evoca al Dios viviente, pidiendo protección y libertad de todo dolor y sufrimiento. Busca "Moola Mantra" en YouTube para escuchar versiones de la canción.

Om
Sat Chit Ananda Parabrahma
Purushothama Paramatma
Sri Bhagavathi Sametha
Sri Bhagavathe Namaha

Traducción:
Om: Estamos llamando a la energía más alta de todo lo que hay
Sat: Lo que no tiene forma
Chit: Consciencia del universo
Ananda: Amor puro, felicidad y alegría
Para Brahma: El creador supremo
Purushothama: Quien ha encarnado en forma humana para ayudar a guiar a la humanidad
Paramatma: Quien viene a mí en mi corazón y se convierte en mi voz
Sri Bhagavati: La madre divina, el aspecto de poder de la creación
Same tha: Junto con
Sri Bhagavate: El padre de la creación, que es inmutable y permanente
Namaha: Les agradezco y reconozco esta presencia en mi vida

La Aeronave Pushpak por Balasaheb Pandit Pant Pratinidhi, 1916

ENTONANDO Y TARAREANDO

Keiko es también nuestra experimentada trabajadora de sonido. Esto es lo que ella comenta sobre entonar y tararear:

Nuestra propia voz puede ser una herramienta que promueve la curación y la transformación en todos los niveles de nuestra existencia. Las entonaciones son una gran herramienta para la mejora emocional y la limpieza. Pueden ser relajantes y estimulantes al mismo tiempo. Hacer sonidos puede ser calmante y puede llevarte a un estado meditativo profundo.

Cuando hacemos entonaciones o tarareamos, el proceso de vocalización estimula nuestros cerebros y la vibración del sonido atraviesa todo dentro de nuestros cuerpos incluso antes de que escuchemos el sonido. Cuando escuchamos el sonido, estimula aún más el cerebro y vibra todo el cuerpo exterior. Todo esto nos mueve a niveles moleculares para regresarnos a un estado natural y equilibrado.

El sonido también es portador de información. Cuando tenemos el deseo de algún resultado, podemos usar el sonido con intención. Es una poderosa forma de manifestar, es fácil y efectiva. La transformación ocurrirá cuando reconozcas su poder dentro y fuera de ti. Así como cuando entonas con más de cien personas, aunque no puedes discernir tu propia voz, sabes que eres parte de la gran armonía.

Hacer entonaciones o tararear en grupo aumenta la coherencia, amplifica la energía e intensifica las intenciones. Cuando entonamos o tarareamos con pensamientos amorosos y aprecio, podemos crear un poderoso campo vibratorio de amor, y así podemos traer luz al planeta.

Las entonaciones y el tarareo también son formas de comunicarse en dimensiones vibratorias más altas. En nuestra propia dimensión podemos usar los tonos y el sonido para comunicarnos con nuestros bebés, animales, plantas y, por supuesto, seres estelares.

Cómo entonar: por lo general, los sonidos vocales alargados se usan para entonar, como AH (como en "ma"), III (como en "mi"), UUU (como en "tu"), OH (como en "yo"), etc. A menudo el sonido AH se usa para hacer entonaciones porque está asociado con nuestro chakra del corazón y tiene una energía poderosa. También se dice en las enseñanzas budistas que AH es el sonido original de creación y cantando AH podemos ser uno con la energía universal. OM, que es el muy conocido sonido primordial de creación (en la tradición hindú), suena AUM (AH-UUU-MMM).

1. Relájate.
2. Establece tu intención.
3. Canta un sonido vocal con una respiración completa. Repite. Puedes entonar en cualquier tono, volumen o calidad que te sientas cómodo y con el que concuerdes. Sin embargo, escúchate a ti mismo y a los demás para ser armonioso también. Si tus cuerdas vocales están estresadas, tararea un rato para aliviar el estrés.
4. Después de un mínimo de 5 a 10 minutos de entonación, guarda silencio para maximizar el efecto.

Cómo tararear: el tarareo es la forma más sencilla de producir el sonido de creación propia más eficaz. También se dice que el tarareo es el sonido de la creación y siempre está dentro de nosotros. Así que siempre estamos tarareando, conscientes de ello o no.

1. Relájate.
2. Establece tu intención.
3. Cierra los labios y mantén los dientes superiores e inferiores ligeramente separados.
4. Proyecta el sonido en la cavidad oral, la cavidad nasal y el resto del cráneo y la cavidad torácica.
5. Después de un mínimo de 5 minutos de tarareo, guarda silencio para maximizar el efecto.

OTROS ASUNTOS DE SONIDO

C#
La órbita de la tierra alrededor del sol crea un sonido tan bajo que no puede ser escuchado por el oído humano. De acuerdo con Bashar, un ET que se canaliza a través de Darryl Anka, la frecuencia de este tono es aproximadamente la misma que la nota C # (Aguda) en nuestra escala musical. Aunque la trayectoria musical de la Tierra alrededor del sol es 33 octavas más bajo que el C medio en nuestros pianos, aún puedes beneficiarte al escuchar esta frecuencia en el rango que podemos escuchar. Bashar dice que, si te sumerges en este tono, encontrarás claridad y las cosas serán más fáciles. Literalmente comenzarás a tener una "visión aguda". La Tierra te apoyará, así como apoya todo en la naturaleza. Podrías tocar este tono en el fondo mientras estás meditando en un CE-5. Existen varias versiones en YouTube:

> C# solo: https://www.youtube.com/watch?v=6Q3KsrB1KM4
> C# con matices melódicos y ritmos binaurales:
> https://www.youtube.com/watch?v=SBMXxm9X3P4&t=1254s

Anael y Bradfield
Anael y Bradfield son músicos que colaboraron en el proyecto *Fire the Grid* que Samoiya Shelley Yates encabezó. (Su historia es asombrosa e involucra seres extraterrestres: busca "Shelley Yates Vancouver Speech" en YouTube para escuchar su historia). *Sky Sent* y *Be Still Thy Soul* son dos hermosas canciones que tienen como tema la divulgación ET y el cambio que está sucediendo ahora. Conozco un grupo CE-5 que dice que a los ETs realmente parece gustarles cuando ponen la canción *Sky Sent*. ¡Escucha la letra y entenderás por qué! Disponible en iTunes, o ve a https://anael.net/.

Canciones Divertidas Relacionadas a OVNIs o ETs:
Haz una lista de reproducción para el viaje por carretera que te lleva a esa ubicación remota especial:

- Anael y Bradfield - *Sky Sent*
- Babes in Toyland - *Calling Occupants of Interplanetary Craft* (Cover)
- Billy Bragg - *My Flying Saucer*
- Billy Thorpe - *Children of the Sun*
- Blue Rodeo - *Cynthia*
- Los Carpenters - *Calling Occupants of Interplanetary Craft* (Cover)
- Credence Clearwater Revival - *It Came Out of the Sky*
- David Bowie - *Starman*
- Elton John - *I've Seen The Saucers*
- Five Man Electrical Band - *I'm A Stranger Here*
- Husker Du - *Books About UFOs*
- Jefferson Airplane - *Have You Seen The Saucers?*
- Kesha - *Spaceship* (Kesha vió varios OVNIs en Joshua Tree en el 2017)
- Klaatu - *Calling Occupants of Interplanetary Craft* (Inspirados por el World Contact Day)
- Spiritualized - *Ladies & Gentlemen, We are Floating In Space*
- Yes - *Arriving UFO*

EJEMPLOS DE AGENDAS CE-5

Modela tus primeros CE-5 siguiendo una de las siguientes agendas, hasta que desarrolles tu propio estilo único:

Nuestro típico CE-5
- Para prepararse, medita tres veces en la semana previa al trabajo de campo.
- El día del contacto, siéntense en círculo y establezcan la intención del grupo.
- Entona la palabra "Om" tres veces como una apertura.
- Haz una meditación con ojos cerrados para conectarte con la conciencia de la mente unificada.
- Orienta a todos a las constelaciones, planetas, estrella del norte, etc.
- Haz otra meditación, con los ojos abiertos, mirando el cielo.
- Observa el cielo e intercambia historias, ríe, come bocadillos, pónganse cómodos en bolsas de dormir.
- Para cerrar, agradece a todos y a los ETs.

CE-5 para la Gente de Ciencia
- Siéntense en círculo y establezcan intenciones para la noche.
- Haz una orientación del cielo
- Revisa los elementos esenciales de contacto: conexión a la mente unificada, un corazón sincero, una intención clara.
- Escuchen la meditación del Dr. Greer sobre la Secuenciación del Pensamiento Coherente.
- Deja que un experto en astronomía enseñe sobre constelaciones, estrellas, planetas, etc.
- Observa el cielo y enseña cómo discernir qué es o y que no es un OVNI verificado.
- Revisa los encuentros de OVNIs más legítimos, documentos publicados oficialmente, etc.
- Discutan la interacción entre espiritualidad y ciencia, emociones y lógica, corazón y mente.
- Observación silenciosa del cielo desconectada del análisis/pensamiento ... en cambio, enfóquense en la unidad y/o el amor.
- Cierra con agradecimiento y aprecio por la participación de cada uno en este experimento.

CE-5 para Gente Espiritual
- Siéntense en círculo, tómense de las manos y haz una oración de apertura.
- Establezcan una intención para la noche
- Haz una meditación de limpieza
- Que alguien dirija una meditación de unidad
- Hagan tiempo de observación silenciosa del cielo
- Canten juntos una Puja, o que una persona la cante
- Haz una meditación para recibir mensajes canalizados enviados al grupo
- Toca unos cuencos o el didgeridoo.
- Más observación del cielo
- Cierre: tómense de las manos, bendice y agradece a la Madre Tierra, al Padre Cielo, a los demás, a la Fuente y a los ETs.

CE-5 de Matt Maribona
- Ve al exterior.
- Piensa en todas las veces en tu vida que has sentido amor, como cuando te enamoraste, cargaste un bebé, fuiste testigo del fallecimiento de un ser querido, disfrutaste un helado en un día de verano, cuando un cachorro te lamió la cara, viste una puesta de sol, sonreíste a un extraño, bailaste con buena música, sentiste la armonía de la naturaleza, etc.
- Mira hacia arriba, sabiendo que los ETs están ahí afuera, y di "Hola".

K.I.S.S. CE-5 de Josh (K.I.S.S.- siglas en inglés para "Mantenlo corto y simple")
- Escucha una meditación del Dr. Greer.
- Escucha Pink Floyd y observa el cielo.

CE-5 Modelado a partir de una expedición de capacitación CSETI con el Dr. Greer
- Antes del inicio, reproduce tonos de círculos de las cosechas en los altavoces. Usa un walkie-talkie o un transmisor de radio para enviar la señal de los tonos al espacio. Haz esto mientras arreglas todo al llegar y durante los descansos.
- Discusión general, período de preguntas y respuestas.
- Haz una orientación del cielo.
- Usa punteros láser para señalar a los ETs la ubicación del equipo.
- La ceremonia de puja comienza cuando hay algún tipo de señal como una luz anómala. Pónganse de pie para la ceremonia. Alternativamente, digan algunas palabras de gratitud porque nos hemos encontrado unos a otros y estamos dispuestos a cumplir con el propósito de traer paz cósmica a nuestro planeta.
- Conduce una meditación y luego siéntense en silencio en meditación durante 30 a 45 minutos.
- Diálogo informativo sobre la meditación y la discusión durante aproximadamente una hora mientras observa cualquier evento ET.
- Haz descansos para meriendas, conversación social y bio descansos.
- Haz otra ronda de meditación, seguida de una sesión informativa y una discusión.
- Cierra el círculo tomados de la mano y genera un sentimiento de gratitud.
- Convivencia al final del trabajo de campo con vino, queso y galletas saladas.

CE-5 de Lyssa Royal Holt
- Haz una ceremonia de apertura que incluya salvia, dando la bienvenida a los espíritus y guías locales del terreno.
- Pide permiso por tu presencia en el terreno usando un mantra como el Mantra Gayatri.
- Lyssa realiza una canalización sobre el tema de aprendizaje del día: si no tienes un canalizador, elige un tema para desarrollar y habla de ello. En los eventos de Lyssa, los seres continúan canalizando para guiar al grupo a través de una meditación de contacto.
- Si se producen fenómenos extraños, como anomalías o cambios climáticos, trabaja con eso para ver qué está sucediendo más allá de la percepción humana que a menudo se traduce a través del medio ambiente.
- Trabaja con una foto de un ET para conectarte con la energía del ser.
- La agenda es fluida y depende de las circunstancias, las condiciones, el grupo y los mensajes.

CE-5 Aotearoa – CE-5 para Gente Nueva
- Invita a cualquier persona que desee aprender sobre CE-5, siempre dentro del acuerdo de lo que se requiere como equipo.
- Practica la Secuencia de Pensamiento Coherente (SPC) con la app CSETI antes del evento.
- En el evento: Bienvenida por parte del facilitador del evento, presentaciones, orientación del sitio/cielo, qué esperar, etc.
- Sistema de amigos: empareja a las nuevas personas con las que ya tienen experiencia.
- Cada uno comparte su intención de estar en el evento.
- Comienza con una ceremonia en la que invitas a todos los que están ahí para ayudarnos en nuestra transición hacia la paz para que se unan a nosotros. Extiéndeles gratitud y dales las gracias a ellos y a los demás.
- Llena tu corazón de amor al reconocer todo aquello por lo que estás agradecido, la familia, la pareja, las mascotas, la Tierra, ser capaz de hacer CE-5, etc.
- Meditación de apertura SPC, para luego permanecer en meditación silenciosa (continuación en la página siguiente).

- Compartan en grupo, luego un breve descanso y caminata por el sitio para aquellos que deseen hacerlo. Las personas experimentadas pueden apoyar a los nuevos en CE-5.
- Meditaciones y discusión/intercambio durante el resto de la noche, en concordancia con lo que ocurra de manera natural.
- Cierra con una ceremonia de agradecimiento, oraciones, música, etc.

CE-5 Aotearoa – CE-5 para Equipos Experimentados
- Planifica un evento para 3 o 4 noches. Más tiempo a menudo permite experiencias más profundas.
- Haz meditaciones diarias de Secuencia de Pensamiento Coherente (SPC) para este sitio al menos dos semanas antes.
- Establece la intención de conectarte aún más con seres específicos con los que ya se ha establecido contacto. Comunica claramente en SPC que te gustaría que la relación fuera mutuamente beneficiosa.
- Conózcanse y establezcan vínculos, eso ayuda a formar un equipo coherente. Cuanto más cerca estamos, más cerca están. Imagina las caras de los demás (incluidos los no humanos) al hacer SPC y concéntrense en trabajar como uno solo.
- Crea una lista de correo electrónico para los asistentes al evento y fomenta la comunicación.
- Escribe cualquier sueño, experiencias fuera del cuerpo (OBE- por sus siglas en inglés), Visión Remota (VR), secuencias numéricas u otras experiencias que podrían estar relacionadas con el evento. Comparte con todos en la lista de correo electrónico.
- Come alimentos ligeros (preferiblemente vegetarianos) una semana antes y durante el evento.
- Comienza con una oración de apertura/entonación y luego compartan en grupo.
- Sigue adelante con una meditación energética resonante o algo similar para alinear los centros de energía de todos en el equipo. Ancla esto a la Tierra y luego extiéndelo hacia adentro y hacia afuera a todos los parámetros.
- Mantén el espacio energético del amor, la alegría, la gratitud y la paz en el centro del equipo.
- Mantén la intención de que los seres se 'fusionen' con el equipo.
- Lleva a cabo el proceso de comunicación bio-electromagnética, luego la meditación silenciosa, luego hagan el ejercicio de 'hablar sobre lo que ves'. Este ejercicio se realiza cuando el equipo está idealmente en un estado compartido de VR y pueden, por lo tanto, acceder a partes de la misma información. Solicita confirmación a través del uso de tecnología (magnetómetros Trifield, etc.) y/o a través de experiencias colectivas compartidas (imágenes, sentimientos, sensaciones inusuales, atracción hacia ciertas áreas en el sitio, etc.).
- Si hay respuestas de medidores (p.ej magnetómetros tipo Trifield) al intercambio de información en una sesión de preguntas y respuestas; aclara con quién están en contacto con algo como: "¿Puedes confirmar que estamos en contacto con un ser ET?", solicitando a los seres que lo confirmen (ET, Ser, Celestial, Espíritu, etc.). Si estás usando un magnetómetro haz preguntas de Sí o No. Un No, es con frecuencia un silencio, sin embargo, asegúrate de clarificar qué es un Si. Si hay imágenes o sentimientos compartidos, etc., mantente enfocado en ellos y desarróllarlos aún más, enérgicamente pidiendo mayor información/comprensión a nivel energético. Pide a los seres presentes que se fusionen con el equipo. Fluye.
- Concéntrate en el flujo de energía y las 'descargas' de información.
- Si se produce un 'enlace' energético (generalmente medido con un magnetómetro), el equipo puede tomarse de las manos y poner sus pies en el suelo para que la energía se distribuya y se ancle. Distribuyan la energía libremente entre los equipos CE-5 de todo el mundo, simplemente al establecer la intención de hacerlo. Mantengan la intensidad de estas descargas ligeras sosteniendo el sentimiento de alegría y anclándolo a la Tierra. Sonrían ☺. Permitan que la información se conozca o se diga.
- Meditaciones y discusión/intercambio durante el resto de la noche, fluyendo con lo que ocurra de manera natural en el momento. Anima al equipo a compartir libremente todo lo que experimenten.
- Cierra con una ceremonia de agradecimiento para todos los que asistieron.

Instrucciones de Robert Bingham sobre Cómo Convocar OVNIs
- Comienza con un corazón y una mente abiertos. Ten una buena intención. Concéntrate en un punto/lugar en el cielo. Di telepáticamente: "Por favor, vengan. Gracias". Observa el cielo.

Actividades CE-5 Durante un Retiro de Kosta ET Let's Talk:
- Haz una meditación de apertura que conecte al grupo entre sí, con la Comunidad Global CE-5 y con el Uno Universal.
- Haz una meditación de limpieza de energía.
- Orienta y enseña sobre constelaciones, estrellas y planetas en el cielo nocturno.
- Enseña la identificación adecuada de naves ETs versus naves humanas y fenómenos naturales del cielo y el suelo.
- Enseña el protocolo adecuado para avistamientos el cual involucra las ubicaciones en el cielo, el uso de dispositivos señaladores, etc.
- Realicen observación del cielo y mediten. (Para los que hacen guardia observando el cielo, alterna entre guardia silenciosa y guardia donde se permite hablar).
- Comparte historias importantes de Contacto ET en los momentos apropiados durante toda la noche.
- Descanso por necesidades biológicas, refrigerios y socialización.
- Haz más meditación alternando con la observación del cielo.
- Cierra el trabajo de campo tomados de la mano y agradeciendo a todos los presentes, incluidos los ETs.

Contacto ET de James Gilliland

James no tiene una agenda. La observación del cielo que ocurre en el rancho ECETI es informal y divertida. Como James dice: "Es la Tierra. Simplemente están aquí ". El consejo principal de James para aumentar los avistamientos: "Para hacer contacto, ordena tu basura (tu mierda)". Eso significa trabajar en curar tu vergüenza, tus heridas, críticas, egoísmo, apego, avaricia, ego, etc. En el rancho el tema principal es la alegría. Cultiva tus "éxitos de felicidad", da la bienvenida a la risa y al amor y pon tus ojos en el cielo.

Protocolo Avanzado del Protocolo Alienígena

Reserva una o dos semanas de tiempo preparatorio en el que tu:
- No comas carne ni huevos.
- No tomes drogas ni alcohol (la medicina y el vino ceremonial están bien).
- Siéntate durante dos meditaciones de treinta minutos al día conectando con la unidad y el universo, entendiendo tu naturaleza completa, mostrando tu ubicación exacta y visualizando una solicitud específica del encuentro que deseas tener.
- Ten dos baños rituales durante cinco días para eliminar la mala energía y aumentar tu vibración.
- Enfréntate a tus miedos tres veces meditando en un lugar oscuro o espeluznante... confronta tu miedo con amor.
- Aumenta las ondas cerebrales theta con chocolate, té de artemisa, juegos de estrategia/de palabras y escuchando ritmos binaurales.

El trabajo de campo se realiza durante al menos dos días, en un lugar seguro y privado:
- Limpia el lugar con salvia o quema de tabaco sagrado.
- Como grupo, mediten tres veces durante el día e incluyan Tai Chi/Saludos solares y entonación/murmuro o tarareo.
- Por la noche, hagan meditaciones, ejercicios vocales, reproduzcan sonidos armónicos y conéctense con todos.
- Incluye lápiz y papel para que las personas escriban solicitudes, afirmaciones, oraciones, sentimientos, impresiones de visión remota.
- Hay más protocolos ... el Grupo de Protocolos Alienígenas dice: "... si has llegado hasta aquí, tanto tu como los demás descubrirán el resto... guiño guiño!"

Consejo de Sixto Paz Wells

Si bien no sabemos cómo es un evento de contacto de Rahma en general, tenemos instrucciones de Sixto que describen lo que él cree que es una de las habilidades más importantes para desarrollar al contactar a los extraterrestres. Consulta "Canalización como Grupo" en la sección de Meditaciones.

SOLUCIÓN DE PROBLEMAS

<u>No estás a la velocidad adecuada:</u>

Si la mayor parte del tiempo te sientes deprimido, ansioso, resentido, cínico, escéptico de una manera hostil (escepticismo moderado ¡es algo bueno!), enojado, aprensivo, malo, pesimista, etc. sí, aun así, tendrás avistamientos constantes ... ¡algún día! Por ahora tienes algo de trabajo que hacer:

- Encuentra un buen consejero o psíquico, o busca algunos libros, videos o recursos de autoayuda.

- Acepta que eres responsable de tu vida y que tu creas tu propia realidad y futuro, incluso si la vida te ha barajado malas cartas. Sí, la vida a veces puede apestar, podrías culpar a todos los demás y puedes estar justificado, pero ¿a dónde te llevará eso? Muévete y ponte en un camino mejor. Haz las paces contigo mismo y con el lugar en el que te encuentras.

<u>Miedos:</u>

Nuestro mayor temor colectivo sobre el contacto con ET puede no ser sobre las abducciones o la representación Hollywoodense de los ataques alienígenas. Puede ser el miedo subconsciente de perder nuestro ego a medida que aceleramos nuestra vibración lo suficientemente alto como para comunicarnos con ETs (ve el libro de Lyssa Royal Holt *Prepare for Contact*). Si le das crédito a fuentes canalizadas, puedes estar tranquilo, ya que muchas fuentes importantes afirman que no perderás tu individualidad a medida que asciendes, incluso cuando finalmente te reencuentras con La Fuente. (Seth, Billy Fingers, Los Hathors). Independientemente de lo que creas que tus miedos son, cuanto más hagas CE-5 y más te relajes y te enfoques en lo que quieres, y no te enfoques en tus miedos, esos miedos disminuirán con el tiempo y obtendrás las experiencias que deseas.

<u>Y ahora, una Discusión CE-5 Muy Común:</u>

"¿Existen los Extraterrestres negativos?"
Existe cierto debate sobre esto en el mundo CE-5. Este documento no está destinado a darte respuestas, está destinado a ponerte en la dirección de tu propia exploración y discernimiento. Algunos piensan que cualquier ET con la capacidad y la tecnología para cruzar el tiempo y el espacio también es inherentemente avanzado espiritualmente. Algunos piensan que razas egoístas están o estuvieron aquí y han causado problemas.

Superar las diferencias de opinión es un gran paso en tu proceso evolutivo. Mientras decides qué es aquello en lo que tú crees, ten cuidado de no pisar las creencias de nadie más. La gente llega a sus propias conclusiones por razones justificadas. Cada persona es única, con sus propias personalidades, historias, desencadenantes, miedos, deseos, sistemas de creencias anteriores y realidades. Sí, sí, probablemente tengas razón. Y si realmente tienes razón, y quieres hacer alarde de esa insignia de espiritualidad de "YO TENGO RAZÓN", debes relajarte y permitir que otros operen desde su propia realidad. (Espera un segundo, ¿fue eso una trampa espiritual del ego?) La realidad última no tiene mucho que ver con lo sólido o con hechos inmutables. Cada persona es su propio universo, y la esencia de sus vidas reside más en su perspectiva y actitud que en sus palabras o creaciones materiales. Para recapitular, simplemente: si crees que alguien más está "equivocado por estar equivocado" te equivocas. ¡Aarrrgggg!

Independientemente de si crees que existen ETs negativos, podemos asegurarte que CE-5 es un lugar seguro para estar. **No hemos escuchado de una sola experiencia negativa con un ET como resultado de un CE-5.** "Nosotros" es un gran número. Docenas de personas han contribuido a este manual, con décadas de experiencia combinada en una red de miles. Si sucedió, nos habríamos enterado. A la gente de CE-5 le encanta hablar. (Ciertamente, ha habido historias contadas por gente de CE-5 que ha tenido experiencias negativas con ... ¡otras personas de CE-5!) Volviendo al tema, creemos que es el espacio de corazón amoroso que debe ser cultivado para entrar en este trabajo el que excluye a extraterrestres negativos ... si es que existen.

"Bien, entonces, seamos claros aquí. ¿Hay alguna posibilidad de que yo sea secuestrado?"
No si estás utilizando algún tipo de protocolo CE-5. Fuera de CE-5, hoy en día tienes menos de qué preocuparte que en años anteriores. Los informes de secuestro han disminuido.

Hagamos un comentario aparte y repasemos rápidamente qué podrían ser las abducciones, ya que es un área de preocupación popular. Algunos creen que los extraterrestres que han participado en abducciones han sido científicos benévolos, que trabajaban con nuestro ADN para proteger nuestro linaje y el proceso no tenía la intención de asustarnos. Piensan que aquellos que han pasado por una abducción y que han sido capaces de retener recuerdos, recuerdan el evento igual que un niño recordaría haber tenido un procedimiento médico realizado en contra de su voluntad, pero beneficioso a largo plazo. Otros creen que las abducciones fueron un proyecto poco compasivo, donde el ADN humano se cosechó para la hibridación de una especie extraterrestre o para otros fines sirviendo sus intereses. Independientemente del campo en el que te encuentres ahora, la mayoría piensa que todas las abducciones que están ocurriendo en estos días son un teatro del Complejo Militar Industrial que pretendía asustar al público y difamar a todos los extraterrestres. Pero, incluso en este caso, ¿cuándo fue la última vez que escuchaste sobre una abducción? Tal vez el presupuesto militar para asustarnos se está reduciendo. Lo que sea que hayan sido, el apogeo de las abducciones ha terminado.

"¿Entonces no necesito preocuparme? Todavía estoy preocupado. Convénceme."
Bueno, tal vez deberías ser un poco cauteloso con las entidades negativas.

"¿Acabas de decir entidades negativas? ¿¡Mierd…!?"
No te alarmes. ¿Qué es una entidad negativa? Si existe este subconjunto de la vida, una entidad negativa podría incluir: fantasmas, espíritus, inter-dimensionales, formas de pensamiento negativas, una mala vibra, etc. Eso puede sonar aterrador, pero si eres buena persona y generalmente la mayor parte del tiempo te sientes bien, estás a salvo. Exploré este tema con una canalizadora confiable. Sus guías dijeron que en estos días las entidades negativas son, en su mayor parte, relativamente inofensivas, porque la humanidad ha subido la escala vibratoria. En días pasados, las posesiones "demoníacas" y efectos perturbadores de las entidades negativas eran más comunes. Las entidades negativas se sienten atraídas a nosotros porque somos una fuerza física poderosa que puede equilibrarlas y ayudarlas a salir de su propia inercia. Son parásitos más que nada y aprovechan nuestra energía. Ella dijo que son abundantes, pero que recordara que nuestro entorno también rebosa de entidades positivas. Si estás vibrando alto, ni siquiera notarás estas molestias. Si tú quisieras quitarte algunas entidades adjuntas, la salvia o la hierba dulce (incienso) son muy efectivas debido a la densidad del humo y a sus propiedades neutralizantes. O, haz una limpieza como la que James Gilliland ha proporcionado en la sección de meditaciones. Asegúrate de comprender la sutil diferencia entre la semántica de "protegerte" a ti mismo vs. "Curación/limpieza". Uno te posiciona como víctima. El otro te posiciona como vencedor. Las entidades negativas son tan poderosas como les permites que sean. ¿Cómo saber si podrías haber atraído a uno de estos entes frívolos e irritantes? Lo puedes decir por la forma en que te sientes y por tu comportamiento. Incluso, si no crees en las entidades negativas, si estás siendo un idiota y te sientes fatal, o te sientes realmente triste, asustado o cansado, ¡tal vez deberías hacer algo al respecto!

"Estoy atascado en las cuestiones ET negativas"

No hay problema, tenemos muchos en nuestro grupo que creen en la existencia de ETs negativos, por lo que hemos explorado de manera amplia esta área de preocupación. Vamos a tranquilizarte con estas teorías:

- Algunas historias del origen y canalizaciones sugieren que el proceso de divulgación es una de las formas en las que los planetas evolucionan. Puede ser que seas parte de un equipo espiritual que va de planeta en planeta oscuro, elevando a aquellos que viven bajo la tiranía ayudándoles a ponerse en contacto con otras civilizaciones del espacio exterior. CE-5 y la divulgación pueden ser un proceso sagrado de elevación planetaria que cuenta con respaldo universal entonces los seres maliciosos no pueden jugar con ello.

- De acuerdo con la teoría de que el "CE-5 es sagrado", es muy probable que una federación galáctica compuesta de representantes de civilizaciones altamente avanzadas coopere para restringir a las razas ET con una agenda hostil cuando violan la Ley Universal. Todos tenemos derecho al libre albedrío, incluida la participación en la vida como perpetradores y víctimas. Sin embargo, muchos creen que la corrupción en este planeta ha ido ya demasiado lejos. La Tierra necesita ayuda. Entonces, cuando seres egoístas cruzan la línea, las legiones de seres altruistas asisten o ayudan.

- Apoyando estas teorías, y en alineación con la reducción de las abducciones reportados, varias canalizaciones dicen que todos los extraterrestres negativos que existen han sido desalojados y excomulgados de la Tierra desde algún momento en la década de 1990.

- Olvidemos las teorías y veamos esto desde el punto de vista de la ley de la atracción. Las personas que se sienten atraídas por hacer contacto ya están vibrando a un alto nivel y el contacto con seres de menor vibración simplemente no coincide. Piénsalo: cualquiera que esté dispuesto a parecer un loco y que prueba el CE-5 demuestra un nivel de primera clase de intrepidez.

- Por último, en un grupo de personas, el nivel de contacto generalmente se limita al "mínimo común denominador". Por ejemplo, si una persona está lista para hacer contacto directo cara a cara, pero el resto del grupo no lo está, entonces no pasa. Piensa en esto a la inversa. Si una persona tiene una vibración mucho más baja que la de un grupo de personas felices, el poder de las personas más felices balancea las cosas y excluye la posibilidad de interacción con un ET rudo o una entidad negativa.

Finalmente, debes tomar una decisión sobre cuál será tu realidad. La vida es un tremendo banquete de contrastes por una buena razón: para que puedas elegir. Acepta que la negatividad de todo tipo es una parte de la vida de la que aprendemos, de modo que podamos crear la realidad que queremos. ¡Este es tu show! Cuida de ti mismo y de tu propio crecimiento, haz una limpieza si te sientes mal y pasa rato con personas positivas, felices y amables. Sobre todo, confía en tus sensaciones. Siente la vibra de cada situación que se te presente. Sabrás si seguir ahí o alejarte. Tú puedes.

"Todavía tengo miedo"

No lo fuerces. Consulta *No estás a la velocidad adecuada*, el primer segmento de esta sección.

> Consejo: Si le das crédito a las canalizaciones, usa tu discernimiento para asegurarte de que estás recibiendo buena información... algunas canalizaciones son vulnerables a malas interferencias o simplemente no se reciben con claridad.

UN AVISTAMIENTO EN SEIS SALIDAS

Creemos que si te enfocas en los tres elementos clave:

1. Conexión a la Mente Unificada
2. Un Corazón Sincero
3. Intención Clara

Tendrás un avistamiento en seis salidas.

Si puedes salir con otras personas, mucho mejor. Prueba algunas de las sugerencias en el libro. No necesita punteros láser ni escáneres de radar, solo tu persona ahí afuera y bajo las estrellas.

Cuando obtengas tus avistamientos, ¡comparte lo que viste!, experiencias internas, cuál fue tu proceso...
¡Salta a ET Let's Talk o una página de grupo de Facebook y compártelo!

- ET Let's Talk: http://etletstalk.com/
- La Iniciativa CE-5: https://www.facebook.com/groups/205824492783376/
- CE-5, UFO, SIRIUS: ETLetsTalk.com: https://www.facebook.com/groups/1593375944256413/
- Misión Global Universal CE-5: https://www.facebook.com/groups/1827858540868714/
- Grupos de Trabajo Global de Iniciativa CE-5: https://www.facebook.com/groups/1591401614435784/?fref=gs&dti=205824492783376&hc_location=group

Si seguiste las instrucciones de este manual y no obtuviste un avistamiento en seis salidas, envíanos un correo electrónico. Averigüemos cuál es tu resistencia.

calgaryce5@gmail.com

Como dice James Gilliland, "El contacto comienza desde adentro". Esperamos que este manual te inspire a entrar en acción y a expandir tu ser interior.

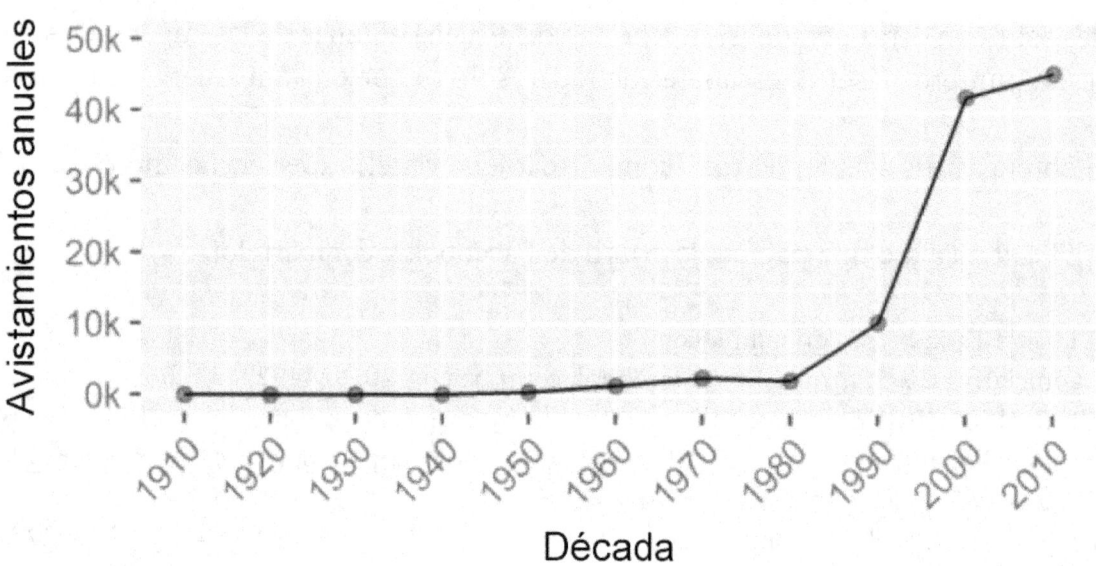

TERCERA PARTE:

OPINIÓN EDITORIAL/

ALGO PARECIDO A UN APÉNDICE

BANDERAS FALSAS

Si eres escéptico y has llegado hasta aquí, te felicitamos por tu capacidad de tolerar diferentes perspectivas. ¡Sea cual sea la realidad última, demuestras un nivel de evolución que creemos que contribuirá a los avistamientos! Ahora ... vamos a probarte un poco más.

Una 'bandera falsa' es un acto terrorista que se perpetra sobre los propios ciudadanos para unirlos en contra de un enemigo externo y distraerlos de la amenaza real, que en realidad proviene de la patria.

Werner Von Braun fue un ingeniero aeroespacial alemán que fue traído a los Estados Unidos después de la Segunda Guerra Mundial como parte de la Operación Paperclip. Su asistente describe sus advertencias sobre una operación de bandera falsa de proporciones épicas:

> "Lo que fue más interesante para mí fue una oración repetitiva que me dijo una y otra vez durante los aproximadamente cuatro años que tuve la oportunidad de trabajar con él. Dijo que la estrategia que se estaba utilizando para educar al público y los legisladores era usar tácticas de miedo... primero los rusos serán considerados como el enemigo. De hecho, en 1974, ellos eran el enemigo, el enemigo identificado... Entonces los terroristas serían identificados, y eso pronto seguiría. Escuchamos mucho sobre terrorismo. Luego íbamos a identificar a los "locos" de los países del tercer mundo. Ahora los llamamos Naciones de Preocupación... El siguiente enemigo serán los asteroides. Ahora, en este punto, se rió entre dientes la primera vez que lo dijo. "Asteroides: contra los asteroides vamos a construir armas espaciales". Y el más divertido de todos era lo que él llamaba alienígenas, extraterrestres. Ese sería el susto final. Y una y otra y otra vez, durante los cuatro años que lo conocí y en los que daba discursos por él, siempre sacó esta última carta. 'Y recuerda Carol, la última carta es la carta alienígena. Vamos a tener que construir armas espaciales contra los extraterrestres y todo eso es una mentira.'"

—Carol Rosin

El Dr. Greer también ha recibido información privilegiada sobre la posibilidad de que el Complejo Militar Industrial engañe con una "invasión alienígena" para fortalecer su poder y justificar su existencia.

Apoyando una posibilidad paralela, similar, Barbara Marciniak ha canalizado sobre un tiempo previsto en el que una raza ET toma el poder como nuestros nuevos líderes y que nosotros, en nuestra estupidez, los veneremos como dioses.

Afortunadamente para nosotros, la mera existencia del documental *Unacknowledged* ahora hace mella sobre cualquiera de estas nefastas posibilidades. Si cualquiera de estas farsas se echa a andar, a la gente no le costará trabajo compartir el documental con seres queridos para empoderar a la comunidad con el conocimiento. Esto adicionalmente a los grupos CE-5 alrededor del mundo, que podrian contactar a los medios locales y proporcionar evidencia de su experiencia comunicándose con seres benevolentes. Es posible que desees registrar tu proceso, recopilar imágenes y guardar reportes de curaciones solo para este propósito.

> Desde 2001, Carol Rosin se ha involucrado en activismo político para detener el armamento del espacio. Carol ha encabezado *El Tratado para la Prevención de la Colocación de Armas en el Espacio Exterior*. Tu mejor contribución es enviar una carta, en tus propias palabras, a los presidentes de los Estados Nacionales de todo el mundo. Para más información visita http://peaceinspace.com.

VIERNES

Un compañero Albertano y líder de un grupo CE-5, Charles Brygdes, dice que cada semana piensa: "¡Tal vez este es el viernes en el que la divulgación ocurra!" Se enfoca en este día porque Richard Dolan, investigador de OVNIs, ha propuesto que esa divulgación ocurrirá en un día en que el mercado de valores pueda cerrarse por unos días mientras el mundo se tambalea (y ojalá se estabilice un poco). La divulgación puede tener efectos que son incómodos o desafiantes. Por esta razón, los gobiernos de todo el mundo están filtrando documentos lentamente para ayudarnos a acostumbrarnos al nuevo paradigma.

"¿Cuándo ocurrirá la divulgación?"
Esa es una buena pregunta. Richard Dolan ha dicho que hay un 90% de posibilidades de que ocurra dentro de veinte años y que su predicción es conservadora. (Su cita es de 2016, por lo que se calcula hasta 2036). Bashar, canalizado a través de Daryl Anka, predice que será entre los años 2030 y 2033. Bashar no hace predicciones a menudo o ligeramente, y predijo el 11 de septiembre con el año exacto. Esta conjetura, por supuesto, es relativa a nuestras acciones personales. ¿Cómo contribuirás a la divulgación?

"¿Y qué hay con 'ellos' – qué pasa si 'ellos' no permiten la divulgación?"
Sabemos que los criminales que actualmente ejercen el poder del mundo están tratando de suprimir la divulgación para mantener esta opresiva tiranía laboral esclava. ¿Cómo sabemos que no tendrán éxito con sus banderas falsas y su ofuscación?

Deja que la historia de Bill Brockbrader te dé la respuesta. Bill era un especialista militar de alto secreto que voló misiles Tomahawk en pequeñas aldeas de Afganistán en tiempos de paz. Bill se dio cuenta que lo que estaba haciendo estaba mal y finalmente se liberó del servicio. Luego se convirtió en miembro de Anonymous. Edward Snowden, el famoso ex-informático de la CIA que nos dio la verdad sobre la NSA, también fue parte de la misma célula Anonymous. Edward necesitaba un señuelo, porque cuando algo sucede en el mundo exterior que conmociona a las agencias de inteligencia, la seguridad interna baja. En la célula Anonymous, todos dijeron: obviamente el señuelo tiene que ser Bill, él tiene la mejor historia. Entonces Bill dio un paso al frente. Cuando Bill hizo su entrevista con Kerry Cassidy exponiendo estos crímenes de guerra, Edward dejó escapar terabytes de datos y pidió asilo (¡Gracias Rusia!). Bill fue capturado y sentenciado a un tiempo en la cárcel, y luego, cuando fue liberado, pasó a la clandestinidad. Su historia es verdaderamente heroica. Ahora que tienes el contexto de quién es Bill, aquí está la parte jugosa (¡como si todo lo anterior no fuera lo suficientemente jugoso!): cuando Bill estaba trabajando para el ejército, le pidieron que hiciera un proyecto paralelo debido a su alta inteligencia y capacidad psíquica. Se le pidió que viera el proyecto Looking Glass, que era un dispositivo que el MIC (siglas en inglés para -Complejo Militar Industrial-) usaba para predecir el futuro. Le preguntaron: "¿Qué línea de tiempo ganará?" Bill vertió los datos y les dio la respuesta: Todas las líneas de tiempo potenciales se han colapsado en una sola línea de tiempo; ahora solo existe un resultado. El resto de lo que pasa aquí en la Tierra es como el final de una partida de ajedrez donde el perdedor, en lugar de renunciar a una pérdida confirmada con dignidad, lucha para extender su reinado. Alerta de revelación: los buenos ganan.

Puedo dar fe personalmente de la incansable pareja de Bill, Eva Moore, una compañera canadiense, que es una denunciante y activista por derecho propio. La conozco desde hace muchos años y es una de las mujeres más serias, más valientes y fuertes que conozco.

Ya sea este viernes o 982 viernes a partir de ahora, ¡la divulgación va a suceder!

ENERGÍA LIBRE

Hay una video entrevista muy buena de YouTube con Daryl Anka sobre Ascensión y el Nuevo Orden Mundial (https://www.youtube.com/watch?v=vRtbvXp3wkw). Aquí hay un resumen con algunos de nuestros pensamientos adicionales:

- Nadie te tiene bajo control.

- Una vez que te des cuenta de tu propio poder y eleves tu frecuencia, tus manifestaciones más deseadas se abrirán camino. (O, si lo ves de otra manera, cambiarás de frecuencia y pasarás a un universo paralelo mejorado).

- Básicamente, cualquier cosa contra la que peleamos la anclamos a nuestra realidad.

- Cuanto más nos centramos en lo que no queremos, más los experimentamos.

- Para que las cosas cambien, debemos PREFERIR una realidad en lugar de NECESITARLA.

- Cuando queremos algo desesperadamente, eso se aleja de nosotros y seguimos persiguiéndolo.

- No hay nadie que "esconda" la energía libre de nosotros. No necesitamos la divulgación para llegar a la energía libre. Muchas personas han creado dispositivos de energía libre. A algunas personas les han confiscado sus dispositivos, les han quemado sus laboratorios o los han matado. Algunos han creado energía libre y no han confiscado sus métodos. (Alguien en nuestro grupo vio una demostración de energía libre en Quebec por Daniel Pomerleau. ¡Nadie ha podido entender o replicarlo hasta la fecha! Creemos que puede ser que esté usando su propio campo de energía o tecnología de conciencia como catalizador, siendo esta la razón por la cual su dispositivo no ha sido tomado.) Confiscados o no, nuestros científicos recibirán la inspiración para crearlos nuevamente, así como la intuición correcta que nos guía a cómo hacerlo de manera segura. Cuando estamos en sintonía con La Fuente, las ideas correctas llegarán en el momento adecuado.

- El miedo atrae hacia ti lo que no quieres como un imán, pero un poco de precaución es algo bueno. Aquí está lo que hemos escuchado sobre el desarrollo seguro de energía libre. Una vez que enciendes un dispositivo de energía libre, la tecnología de escaneo puede ubicar dónde se está creando esa energía. Y, gracias a Edward Snowden, sabemos que "ellos" pueden rastrear cada acción digital que realizas. Según se dice, ni ni siquiera importa si tu teléfono está apagado. También hemos escuchado que hay cámaras satelitales que pueden hacer zoom en vivo en tu vecindario. Eso es un poco como un rompecabezas para asimilar, pero puede y será resuelto creativamente.

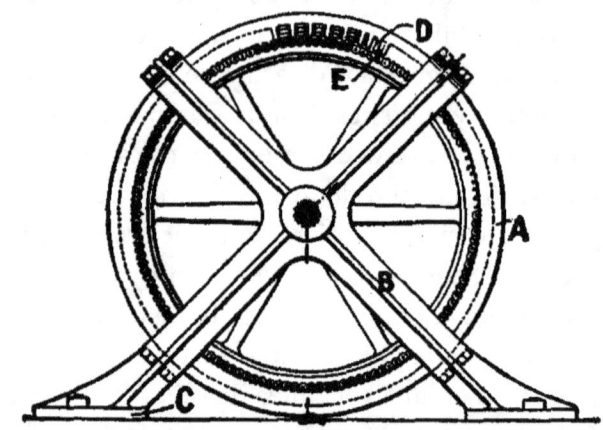

Alternador de 10,000 ciclos p. s., Capacidad 10 K. W., que fue usado por Tesla en sus primeras demostraciones del fenómeno de alta frecuencia ante el Instituto Americano de Ingenieros Eléctricos en la Universidad de Columbia, 20 de mayo, 1891. Fig. 1.

CAMBIANDO EL MUNDO

En realidad, no necesitas salvar el mundo. No NECESITAMOS la divulgación. Estamos aquí para crecer. La Tierra podría destrozarse en un millón de pedazos, y por trágico que sea, finalmente estaría bien. Tal vez hay un mundo paralelo donde esto ya ha sucedido. Tal vez hay Tierras donde la Edad de Oro ya está en plena vigencia. (¿Cómo fue que nos quedamos atrapados aquí?) Eso te quita la presión, ¿no? Somos eternos, exploramos y estamos en cada realidad, cada resultado.

¿Qué pasa con la ayuda e inspiración a la humanidad? Darte a ti mismo es un subproducto de tu expansión. Se siente bien. Conforme nos expandirnos estamos obligados a dar más. Es un impulso natural y el resultado de tu evolución. A medida que te expandes, comprenderás que todos somos uno y que una injusticia cometida a uno es una injusticia cometida a todos. Te darás cuenta de que tu realmente eres todos y todo. Es una paradoja divertida porque, aunque comenzarás a actuar compulsivamente más en nombre del todo, también te darás cuenta de que no necesitas preocuparte por los otros "tus" en su propio viaje, o por el resultado de todo esto. Cada persona tiene aún su propio libre albedrío. No puedes controlar a nadie. Concéntrate en ti mismo, disfruta y todo saldrá perfectamente al final, incluso si no es así.

Hagas lo que hagas, no critiques lo que no quieres. El juicio ancla lo que odias a tu realidad. La clave para llegar a donde quieres estar es Preferir en lugar de Necesitar. Entonces, cuando piensas en la Reserva Federal, la tiranía criminal y la esclavitud que han manipulado tan magistralmente, solo dite a ti mismo: "Yo prefiero... (inserta tu preferencia aquí)". Sin embargo, si sientes angustia hacia ese sindicato, estás regalando tu poder y tal vez podrías saltar a una realidad paralela en la que Islandia aún no ha pateado sus traseros fuera de su país (Sí, lo hicieron, ¡y nosotros también podemos!). Como dice el dicho: lo que más temes llega a ti como un imán. Guácala.

¿Qué hacer? Toma acción inspirada, ¡haz lo que te emociona! Date cuenta de que todos somos uno, y cuando quieras poder, libertad, o soberanía para ti mismo, actúa en nombre de todos en el espíritu de amor y todos llegaremos juntos y reclamaremos todo lo que ha sido nuestro durante todo el tiempo. Diseña el papel que deseas en este momento emocionante y, sobre todo, disfruta del proceso. ¡La vida está destinada a ser DIVERTIDA!

Queremos compartir contigo nuestra preferencia: que hagas lo que te sientas llamado a hacer, y que sigas ese camino a pesar del miedo, ignorando las opiniones de todos los demás, incluido lo que te vendemos en nuestro propio espacio comercial (Este manual). Sin embargo, tú escogiste este documento. Por lo tanto, creemos que es posible que desees ser parte de la visión que podemos vislumbrar claramente para nuestro futuro. Nos encantaría que hicieras de CE-5 una parte de tu vida, porque # 1, sabemos de primera mano lo divertido que es, y # 2, sería genial si más personas difundieran el conocimiento de que los extraterrestres son reales a todos nuestros seres queridos incluyendo testimonios de testigos de primera mano como prueba.

No necesitamos que la divulgación suceda más rápido, pero seguro que sería bueno, ¿no? Seamos parte de una realidad donde la divulgación ocurre más temprano que tarde, y en la que todos podemos experimentar la abundancia que merecemos.

EL MOVIMIENTO DE DIVULGACIÓN DE LA GENTE (THE PEOPLE'S DISCLOSURE MOVEMENT)

¿Cómo podemos ayudar a que se lleve a cabo la divulgación? *The People's Disclosure Movement* es una iniciativa organizada por un grupo de personas que se han dado cuenta del poder de la contribución del hombre común y le han dado voz y forma. Kosta Makreas fundó este movimiento en octubre de 2010. El movimiento ha activado a miles de personas en todo el mundo. Ha transformado a las personas de "creyentes" a "conocedores". Ha resultado en que las personas recuperen su poder de las autoridades. Parte de ese movimiento es "La Iniciativa Global CE-5", también conocida como "ET Let's Talk", que ha estado convocando equipos de contacto ET en el campo mensualmente desde su inicio en 2010. Puedes unirte a esta bandada de excelentes personas registrándote en http://etletstalk.com/.

Eres una parte influyente e integral de la divulgación. El tema de los OVNIs puede ser candente. Realmente te molestarás si vas por ahí "convenciendo" a la gente de tu verdad. No te molestes, es una pérdida de tiempo. De todos modos, desde una perspectiva basada en la Ley Universal, eso sería como anclar a esas personas y a esa realidad para ti. Sea lo que sea con lo que luches en contra, lo esposas/amarras a ti mismo.

Lo que puedes hacer es convertirte en un embajador de la humanidad. Y es fácil:

- Organiza una reunión CE-5 todos los meses.
- Cuando tu familia, amigos y compañeros de trabajo te pregunten qué hiciste el fin de semana, cuéntales. Cuando haces CE-5 de manera regular, siempre tienes algún tipo de noticias de OVNIs para compartir.
- Comparte quién eres y cuáles son tus pasiones libremente. A menudo les digo a las personas cuando los conozco por primera vez que soy una loca de los OVNIs.

¡Eso es todo! ¿Cómo funciona esto? En primer lugar, coloca las palabras OVNI, ET, CE-5, etc., en la lengua vernácula diaria de nuestra conciencia como un todo. Cada mención casual legitima el movimiento.

En segundo lugar, tu historia es importante. Para la persona promedio, cuando cuentas tu historia y no haces proselitismo, es tentador e interesante. La mayoría de la gente cree que no estamos solos en el universo. En números más pequeños (pero de alguna manera más ruidosos) están los escépticos, que no se van a convencer incluso ni ante los documentos irrefutables que los gobiernos están publicando. Sin embargo, cuando dices que viste una luz inexplicable en el cielo moviéndose de una manera que ninguna otra nave convencional hecha por humanos podría, junto con otros testigos, y que no estabas bajo el efecto de ninguna sustancia tóxica, se produce una falla en su realidad. Es una grieta que se mueve lentamente, plantando así importantes semillas.

Cómo se inspiró Kosta para iniciar *The People's Disclosure* y la red resultante *ET Let's Talk*:

"En julio de 2010, después de casi 4 años de inmersión en el entrenamiento CE-5 con MUCHO contacto ET exitoso, sabía que había cientos, tal vez miles de personas como yo en todo el mundo que estaban haciendo lo mismo.

"Tuve una inspiración: ¿por qué no conectarnos todos en una comunidad coherente? Tal vez eso sería sinergizar nuestros esfuerzos. Le pregunté a mi guía espiritual si valía la pena el tiempo, la energía y el esfuerzo 'organizar' a tantos en tal escala.

"Me sorprendió recibir comunicación telepática de lo que reconocí en ese momento como una fuente ET:

'Crea tantos equipos de contacto como sea posible, en tantos lugares como sea posible, tan pronto como sea posible.'

... vinieron las palabras a mi mente.

'¿Qué logrará eso?' Pregunté.

'A medida que más humanos pidan vernos en los cielos, esto nos dará permiso y la oportunidad de aparecer en muchos más lugares en todo tu mundo. Esto dará como resultado aún más humanos viéndonos... que luego pedirán, en una escala mayor, vernos. Esto nos permitirá aparecer en incluso más lugares, y así sucesivamente. Llamamos a esto un 'círculo virtuoso'. Algún día la evidencia de nuestra presencia en los cielos de tu mundo será demasiado abrumadora para negarla.'

"Estaba sorprendido con esta información, pero muy, muy feliz. ¡Su solicitud fue simple, clara y directa!"

El Dr. Greer alienta a lo mismo. La divulgación ya no está en control de los gobiernos o los carteles. Ya está sucediendo y depende de nosotros liberarnos. Greer nos inspira a cada uno de nosotros a tomar acción con un dicho que taladraban en los estudiantes de la escuela de medicina:

"Cada uno aprende,
    cada hace,
        cada uno enseña"

Unimos nuestras voces a este coro para invitarte: comienza un equipo y enseña a otros cómo comenzar sus propios equipos. Sé parte de uno de los movimientos más grandes y emocionantes que ayudarán a traer la paz a este planeta.

CUIDADO CON LA DIVISIÓN

Todos somos uno. Cuando condenamos a alguien, nos hacemos daño a nosotros mismos.

Cuando escuches a alguien criticar a otro, recuerda que todo ataque es un pedido de ayuda. Perdona al atacante. Di algo alentador sobre la persona que fue criticada. Vuelve a centrar la atención en sanar al atacante. ¿Que necesitan? La mayoría de la gente solo quiere amor. Ámalos.

A medida que crezcas en tu propia iluminación, amarás a todos. Incluso a Hitler. Esto se debe a que a medida que evolucionamos, nos volvemos más inclusivos y menos exclusivos. También entendemos mejor la realidad última: que llegamos a esta forma y nos hacemos cosas horribles el uno al otro, sabiendo que al final el resultado está asegurado y que todo fue una obra de teatro para nosotros experimentar quiénes somos realmente. Somos amor. ¿Quién puede decir que tu peor enemigo no es tu amante más preciado actuando su papel en esta vida perfectamente?

¿Crees que alguien es estúpido, malvado o incluso un agente de desinformación? Bendícelos, luego ignoralos. Déjalos llevar su alocada vida. ¿Crees que nunca has tenido una vida pasada en la que no estuvieras tan evolucionado? Te garantizo que todos hemos hecho cosas atroces en vidas pasadas hace mucho tiempo. Cosas horribles que si supiéramos de ellas no dormiríamos por el resto de nuestros días.

Cada vez que alguien condena a alguien más, el contacto se aleja. Esto se aplica a todos. ¿Quién te hizo daño? ¿Tu madre, hermano o ex amante? Wow, ¡creo que todos tenemos algo de trabajo que hacer!

"Para tener un contacto abierto, necesitamos ser mucho más cohesivos y dejar de pelear... negarnos a aumentar nuestra vibración es una decisión de no hacer contacto con una civilización que vibra mucho más alto que nosotros."

- Daryl Anka/Bashar

"Si no nos unimos en nuestras similitudes, nos disolveremos en nuestras diferencias."

- Samoiya Shelley Yates

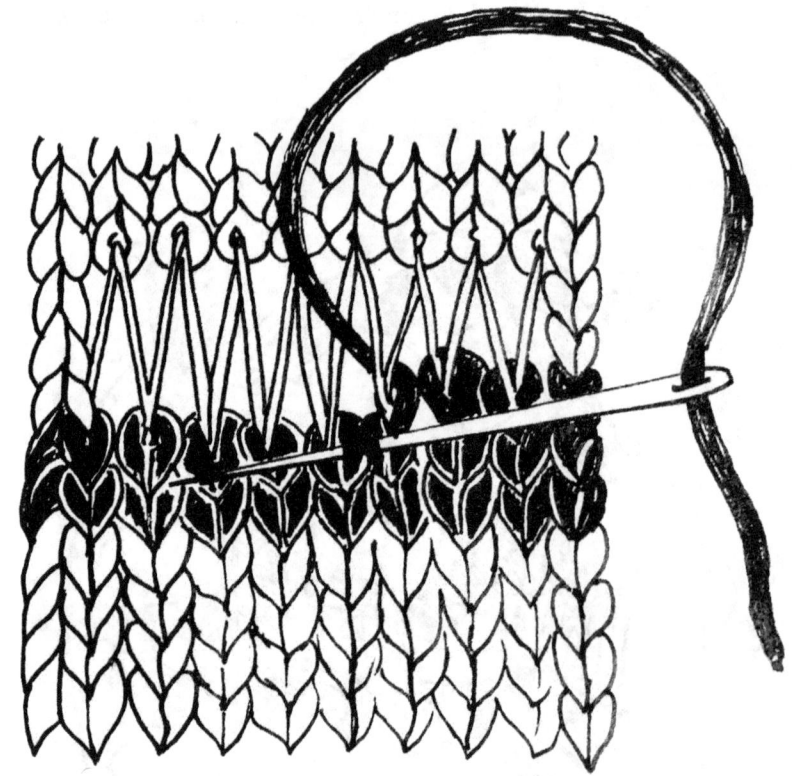

CÓMO DESTRUIR UN MOVIMIENTO

Si la población general se diera cuenta de que existe la energía libre; los sistemas de energía, financieros y de electricidad se derrumbarían. Los que están actualmente en el poder utilizan muchas vías para mantener su prosperidad y control. Agencias como el Grupo de Inteligencia de Investigación de Amenazas Conjuntas (JTRIG- por sus siglas en inglés) ejecutan programas para arruinar la reputación que empañen la verdad y destruyan los movimientos. Tienen lemas como: "Las 4 Ds (en inglés las 4 palabras empiezan con "D"): negar, interrumpir, degradar y engañar".

Aquí algunas de sus técnicas:

- "Entre los propósitos centrales autoidentificados del JTRIG hay dos tácticas: (1) inyectar todo tipo de material falso en Internet para destruir la reputación de sus objetivos; y (2) usar las ciencias sociales y otras técnicas para manipular el discurso y el activismo en línea para generar resultados que consideren deseables".
- 'Trampas de miel' (atraer a las personas a situaciones comprometedoras usando el sexo).
- 'Operaciones de bandera falsa' (publicar material en Internet y atribuirlo falsamente a otra persona).
- Publicaciones de blog de víctimas falsas (pretendiendo ser víctimas de la persona cuya reputación quieren destruir) y publicando "información negativa" en varios foros.

Echa un vistazo a esta diapositiva, es parte del material instructivo para enseñar a los agentes a "jugar" con los resultados. Creemos que el mundo CE-5 ya ha sido atacado. Para mantener este movimiento fuerte, debemos centrarnos en nuestra ideología compartida, creencias comunes y unirnos contra aquellos que no quieren libertad para todos.

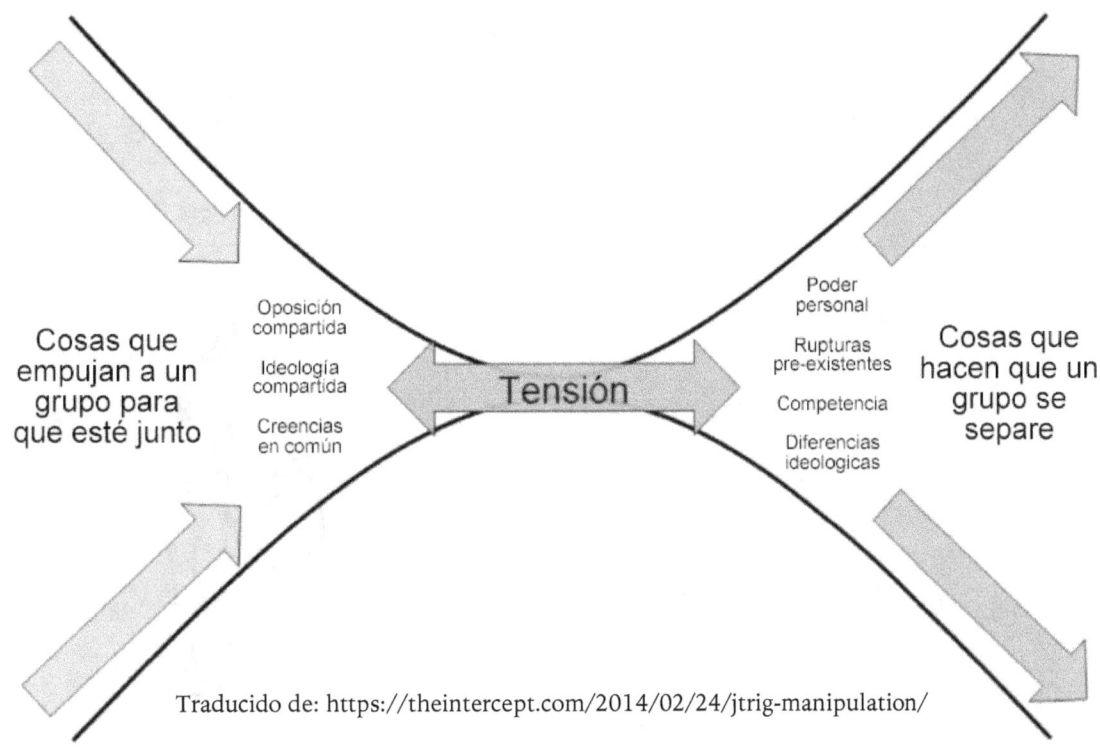

Traducido de: https://theintercept.com/2014/02/24/jtrig-manipulation/

EL FUTURO

Voy a dejarte con una historia corta sobre la presentación de mi hijo de 7 años a los ETs. Estábamos en el Parque Nacional Banff, abrigados para observar las estrellas juntos por primera vez. Estábamos mirando la Vía Láctea y estaba encantado con el puntero láser. Dijo que era como un sable de luz yendo para siempre al espacio. Vi una estrella fugaz (o raya) y le señalé dónde había estado. Nunca había visto una estrella fugaz y yo esperaba que pudiera ver otra esa noche, pero pensé, *¿cómo va a ver una cuando pasan tan rápido?* A su edad, lleva mucho tiempo filtrar la información del mundo y una pequeña luz rápida como esa sería muy difícil de atrapar. Mientras estábamos mirando las constelaciones, le dije que también estamos buscando OVNIs y que parecen flashes de cámara. Se emocionó mucho y dijo "¡Hola, extraterrestres!" Al cielo y luego, ¡un instante después vi un destello! Con el puntero láser, rodeé el lugar donde había aparecido el destello y cuando se enfocó en ese lugar, ambos vimos unos 5 o 6 más, en rápida sucesión. Estábamos muy emocionados, chillando, riendo y gritando en la oscuridad. Me preguntó si esto era lo que yo hacía y le dije, "Sí". Dijo que no sabía que era tan divertido. Dijimos "gracias" y continuamos señalando constelaciones. Cuando se enfrió, nos preparamos para irnos y dije: "¡Adiós a todos!" al cielo. Levantó la vista, saludó con la mano y dijo "¡Adiós!" ¡Inmediatamente otro gran destello! Con su capacidad aún en desarrollo para atrapar un destello rápido como ese, se lo perdió, pero tan pronto como le señalé dónde había estado, pasó una estrella fugaz. Su primera estrella fugaz. (¡O raya!) Obtuve mi deseo para él. Pidió un deseo para sí mismo y entramos.

Imagina el mundo que estamos ayudando a crear para nuestros hijos, que ya están listos para recibirlo.

Con amor para todos ustedes,
Cielia y el Grupo CE-5 Calgary

PLANTILLAS DE REGISTRO CE-5

Usa las plantillas en las siguientes páginas para realizar un seguimiento de tu trabajo de campo. Si has cumplido con los tres elementos clave (1. Conexión a la conciencia de la Mente Unificada, 2. Un Corazón Sincero, 3. Intención Clara) creemos que habrás tenido al menos un avistamiento cuando hayas completado los seis registros.

CE-5 Plantilla 1
Fecha: _____
Lugar: _____
Hora Comienzo/Fin: _____

Asistentes:
_____
_____

Agenda:
_____   _____
_____   _____
_____   _____
_____   _____
_____   _____
_____   _____
_____   _____

Experiencias o Avistamientos Internos/Externos:
_____
_____
_____
_____
_____
_____
_____
_____
_____
_____
_____
_____
_____
_____
_____
_____
_____
_____
_____
_____
_____
_____
_____
_____
_____
_____
_____

CE-5 Plantilla 2

Fecha: _____

Lugar: _____

Hora Comienzo/Fin: _____

Asistentes:
_____
_____

Agenda:

_____ _____
_____ _____
_____ _____
_____ _____
_____ _____
_____ _____
_____ _____

Experiencias o Avistamientos Internos/Externos:
_____
_____
_____
_____
_____
_____
_____
_____
_____
_____
_____
_____
_____
_____
_____
_____
_____
_____
_____
_____
_____
_____
_____
_____
_____

CE-5 Plantilla 2

CE-5 Plantilla 3
Fecha: _____
Lugar: _____
Hora Comienzo/Fin: _____

Asistentes:
_____
_____

Agenda:
_____   _____
_____   _____
_____   _____
_____   _____
_____   _____
_____   _____
_____   _____

Experiencias o Avistamientos Internos/Externos:
_____
_____
_____
_____
_____
_____
_____
_____
_____
_____
_____
_____
_____
_____
_____
_____
_____
_____
_____
_____
_____
_____
_____
_____

CE-5 Plantilla 4

Fecha: _____

Lugar: _____

Hora Comienzo/Fin: _____

Asistentes:
_____
_____

Agenda:

_____	_____
_____	_____
_____	_____
_____	_____
_____	_____
_____	_____
_____	_____

Experiencias o Avistamientos Internos/Externos:
_____
_____
_____
_____
_____
_____
_____
_____
_____
_____
_____
_____
_____
_____
_____
_____
_____
_____
_____
_____
_____
_____
_____
_____
_____

CE-5 Plantilla 5
Fecha: _____
Lugar: _____
Hora Comienzo/Fin: _____

Asistentes:
_____
_____

Agenda:

_____	_____
_____	_____
_____	_____
_____	_____
_____	_____
_____	_____
_____	_____

Experiencias o Avistamientos Internos/Externos:
_____
_____
_____
_____
_____
_____
_____
_____
_____
_____
_____
_____
_____
_____
_____
_____
_____
_____
_____
_____
_____
_____
_____
_____
_____

CE-5 Plantilla 5
_____

CE-5 Plantilla 6

Fecha: _____

Lugar: _____

Hora Comienzo/Fin: _____

Asistentes:
_____
_____

Agenda:

_____	_____
_____	_____
_____	_____
_____	_____
_____	_____
_____	_____
_____	_____

Experiencias o Avistamientos Internos/Externos:
_____
_____
_____
_____
_____
_____
_____
_____
_____
_____
_____
_____
_____
_____
_____
_____
_____
_____
_____
_____
_____
_____
_____
_____
_____
_____

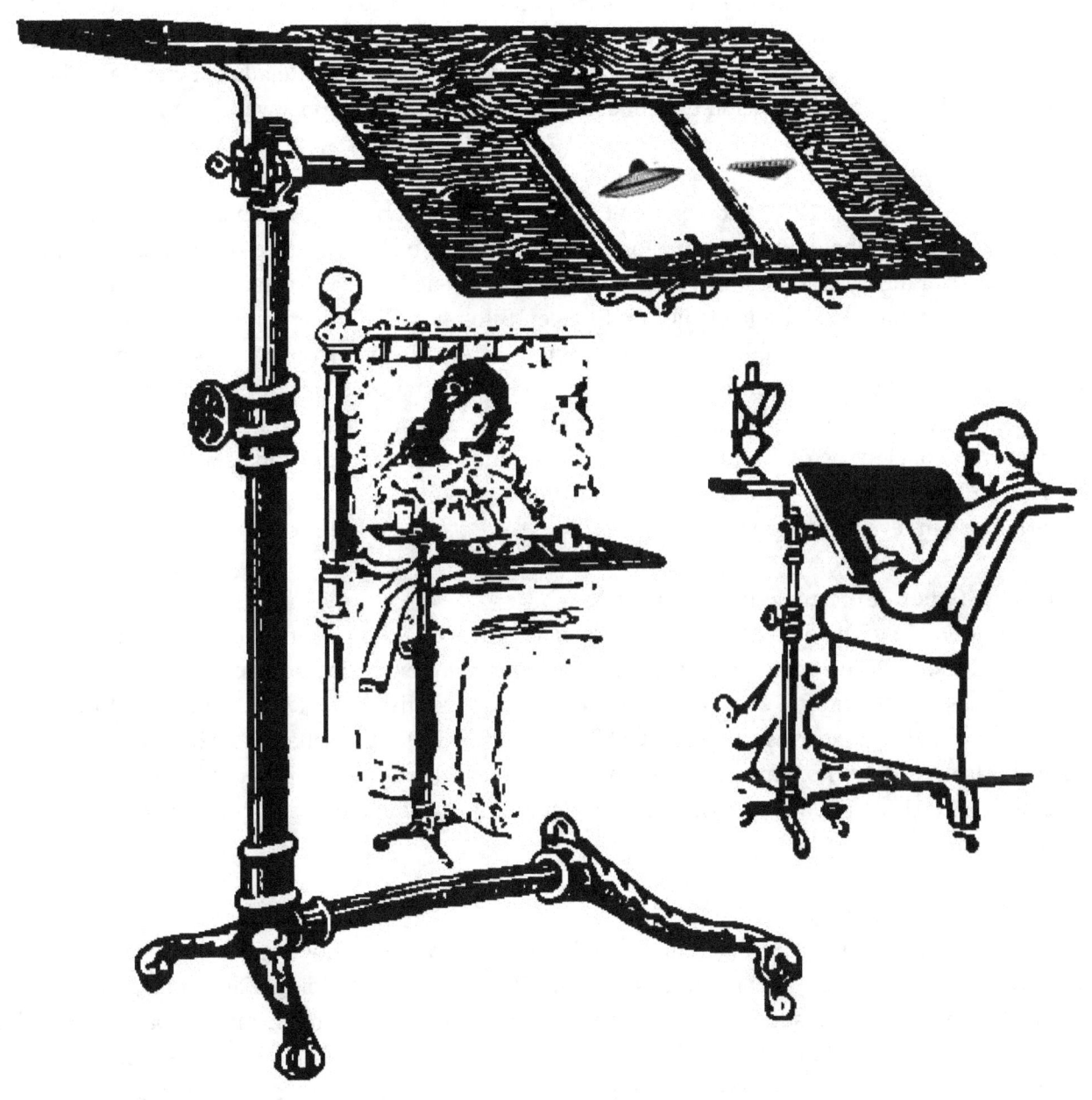

QUIÉN ES QUIÉN

Hay varios contribuyentes importantes en el mundo del contacto y/o CE-5. Muchas de estas personas están realizando esfuerzos actuales para comunicarse con ETs y puedes unirte a ellos en un retiro.

Sixto Paz Wells – América Latina y España
Sixto empezó Rahma en 1974, el primer grupo de contacto moderno, estructurado e internacional. Rahma se formó con la misión de ser un puente entre las civilizaciones extraterrestres y los seres humanos buscando los mejores intereses para el planeta y la humanidad. Sixto es conocido por convocar a la prensa internacional a diez avistamientos antes de que ocurrieran. El mundo de Ufología de habla hispana es distinto al de habla inglesa: la información sobre la presencia ET en la Tierra es mucho más accesible en la web en español y el contacto ha sido más cercano y directo. Esto es probablemente el resultado de la estructura de su lenguaje directo, claro y consistente, que refleja la conciencia de la cultura en su conjunto y su disposición para el contacto. http://www.sixtopazwells.com/

Enrique Villanueva – Costa Oeste, Estados Unidos
Enrique se unió a Rahma en 1988 y comenzó un grupo satélite en Los Ángeles en 2009. Actualmente, Enrique trabaja como hipnoterapeuta profesional en California y dirige un retiro de contacto en el Monte Shasta todos los veranos, basado en los protocolos de contacto de Rahma. No sabemos mucho sobre Enrique, así que deja que esta cita hable por él. Él dice: "Ellos (los ETs) dicen que el contacto más importante no es el contacto con ellos, sino el contacto interno. Una vez que alcanzas ese nivel, el contacto con ellos es una consecuencia de tu preparación. Por lo tanto, siempre están abiertos y esperando que alcancemos ese nivel y luego desencadenarán la experiencia para ti. Es una invitación a expandir nuestra conciencia. Y ya están aquí. No necesitamos embajadores. Cada ser humano puede ser un embajador". https://www.facebook.com/enrique.villanueva.56, http://enriquevillanueva.weebly.com/

Dr. Steven M. Greer - Sureste de Estados Unidos
Steven Greer, MD, era un médico de sala de emergencias cuya vida dio un giro inesperado hacia el mundo extraterrestre, la corrupción gubernamental, el encubrimiento, operaciones negras, naves espaciales hechas por el hombre, dispositivos de energía libre confiscados, denunciantes e informantes. Enseñó el protocolo CE-5 a través del grupo CSETI a partir de 1990. Es brillante, enérgico e intensamente leal a su camino a menudo desafiante. Encabezó *The Disclosure Project* (Proyecto de Divulgación) en 2001, ha publicado varios libros y también ha producido dos documentales importantes. http://siriusdisclosure.com/

Lyssa Royal Holt - Arizona, Japón
Lyssa era miembro original de CSETI alrededor de los años 90s y pasó a liderar un equipo de contacto en Arizona, donde ella y su grupo recibieron más información sobre la metodología de contacto a través de su proceso de canalización. Desde 2010, su grupo ha estado trabajando para entrar y trabajar en estados cuánticos de conciencia. Su libro, *Prepare for Contact*, es un manual esencial que describe la conexión íntima entre los avistamientos y el desarrollo de tu conciencia. Puedes asistir a entrenamientos y eventos especiales con ella en Arizona, Japón y otros lugares.
 http://www.lyssaroyal.net/

James Gilliland - Noroeste del Pacífico, Estados Unidos
James es el fundador de ECETI (siglas en inglés para: Contacto Iluminado con Inteligencia Extraterrestre), que se encuentra en un terreno en la naturaleza del estado de Washington, donde una larga historia de avistamientos de OVNIs se remonta cientos de años. También se conoce como "El Rancho", y ha existido durante varias décadas. El Monte Adams está cerca y puede tener una base ET intergaláctica adentro: ¡conocemos a alguien que vio una puerta abierta en la montaña y luego vio OVNIs volando dentro y fuera! James es amable, agradable y lleno de "bromas de papá". Para visitar El Rancho, primero debes solicitar una invitación privada: visita su sitio web. http://www.eceti.org/

Kosta Makreas – Costa Oeste, Estados Unidos
Kosta es el pegamento del mundo CE-5. Ha estado haciendo contacto ET con éxito desde 2006, y en el camino ha desarrollado *The People's Disclosure Movement*, la *Iniciativa Global CE-5* y la Comunidad *ET Let's Talk*. La comunidad *ET Let's Talk* tiene más de 20,000 miembros en más de 100 países. (Para obtener más información sobre esta importante red, consulta la sección que describe *The People's Disclosure*). Ha dedicado su vida a difundir la conciencia y la esperanza a través de sus proyectos al facilitar el empoderamiento a través de la comunidad para el hombre común. Él es noble y con los pies en la tierra, todo al mismo tiempo. Su encantadora pareja, Hollis Polk, co-crea con él mientras enseña a las personas cómo reconocer y desarrollar sus poderes psíquicos naturales para crear una mejor experiencia de contacto ET. Son una pareja poderosa a tener en cuenta. http://etletstalk.com/

Pequeños contribuyentes, sin embargo amamos a estos chicos

Mark Koprowski – Tokio, Japón
Originario de Minnesota, Mark ha estado organizando eventos CE-5 en Japón desde 2013. Ha estado en varios retiros de contacto en todo el mundo y sabe quién está haciendo qué y dónde. Mark le ha dado a nuestro grupo muchos buenos consejos, muchos de los cuales se encuentran en este manual y nos han ayudado enormemente con nuestro progreso. Mark también ha ayudado como colaborador de este libro. Si visitas el sitio web de su grupo o la página de Facebook, encontrarás algunos artículos interesantes, videos e informes de campo CE-5 relevantes para cualquier persona que practique CE-5 en cualquier parte del mundo. http://www.ce5tokyo.org

Deb Warren - OCSETI (siglas en inglés para: Centro de Okanagan para el Estudio de Inteligencia ET), Canadá Oeste
Deb es nuestra mentora de la provincia vecina y dirige su grupo CE-5 desde Vernon, BC. La conocimos en uno de sus numerosos recorridos CE-5 por el oeste de Canadá, donde pasó generosamente sus veranos yendo de un grupo a otro a lo largo de muchos kilómetros para compartir su conocimiento y hacer trabajo de campo con los novatos. Ella ha estado en más retiros del Dr. Greer de los que puede contar con dos manos, y siempre se ha puesto a disposición de forma gratuita para brindar ayuda y apoyo. Estamos muy agradecidos por todas las llamadas telefónicas y correos electrónicos que ha respondido. Ella nos ayudó mucho con este manual y llenó un vacío notable en la sección de equipos. https://ocseti.wordpress.com/

MEDIOS RECOMENDADOS

Libros
- *Preparing for Contact* (Lyssa Royal Holt)
- *Calling on Extraterrestrials* (Lisette Larkins)
- *Paths to Contact* (Jeff Becker)
- *The E.T. Contact Experience – CE-5 Handbook* (Peter Maxwell Slattery)
- *Evolution Through Contact* (Don Daniels)
- *Forbidden Truth, Hidden Knowledge* (Steven M. Greer)
- *Contact: Countdown to Transformation* (Steven M. Greer)
- *Unacknowledged* (Steven M. Greer & Steve Alten)
- *Exopolitics: Political Implications Of The Extraterrestrial Presence* (Michael E. Salla)
- *Galactic Diplomacy: Getting to Yes with ET* (Michael E. Salla)
- *Bringers of the Dawn* (Barbara Marciniak)
- *Becoming Gods* (James Gilliland)
- *The Orb Project* (Miceal Ledwith & Klaus Heinemann)
- *From Venus I Came* (Omnec Onec)
- *The Hathor Material* (Tom Kenyon)
- *Walking Between the Worlds* (Gregg Braden)
- *Electrogravitics Systems* (Thomas Valone, PhD.)
- *Defying Gravity* (T. Townsend Brown)
- *Love* (Leo Buscalia)
- *Conversations with God, Book 4 – Awaken the Species* (Neale Donald Walsch)
  *NOTA. Varios de los títulos ya se encuentran traducidos al español.

Podcasts
- *CE-5 Minneapolis* presentado por Paul Riedner. 13 episodios producidos.
- *As You Wish Talk Radio* presentado por James Gilliland.
- *Becoming a Cosmic Citizen* presentado por Sierra Neblina y Don Daniels.
- *Fade to Black* presentado por Jimmy Church.
- *Opens Mind UFO Radio*
- *The Grimerica Show* presentado por Graham y Darren.
  Graham ha estado con nuestro grupo CE-5 durante años. Él y Darren están en la frontera de la exploración, sumergiéndose en una amplia gama de temas fascinantes como: consciencia, ovnis, misterios antiguos, realidades alternativas, etc. El preámbulo de cada entrevista vale la pena solo por las bromas y los arreglos. Los invitados incluyen a: Stanton Friedman, Jacques Vallee, Richard Dolan, Joseph Farrell y muchos más. Asegúrate de escuchar el episodio # 243 con Grant Cameron y el # 220 con Kosta y Hollis. http://www.grimerica.ca

Páginas Web y YouTube
- **ET Let's Talk** - Mencionado muchas veces en este documento, *ET Let's Talk* tiene un tesoro de informes CE-5, grupos CE-5 y más. *ET Let's Talk* también muestra los seminarios web de Danny Sheehan. Danny es abogado constitucional y de interés público, orador público, activista político y educador. Habla sobre la Humanidad Cósmica, la meditación y la consciencia, y temas relacionados en un horario regular. http://etletstalk.com/
- **Sirius Disclosure** – Eje central del Dr. Greer. http://www.siriusdisclosure.com/

- Center for the Study of Extraterrestrial Intelligence (CSETI) http://www.cseti.org/
- Enlightened Contact with Extraterrestrial Intelligence (ECETI) http://www.eceti.org/
- ECETI Australia - El recurso CE-5 bajo el encabezado por Peter Maxwell Slattery. https://www.ecetiaustralia.org/
- Peter Maxwell Slattery - Otro sitio web de Peter. https://www.petermaxwellslattery.com/
- The Pete N Rae Pathways Show los temas incluyen: CE5, Consciencia, inteligencias no humanas, y el espectro múltiple de fenómenos relacionados con el contacto. https://www.youtube.com/channel/UCEdJ75f6ipFbKdUjGeGzMQQ
- CE-5 Aotearoa - Organización sin fines de lucro con sede en Nueva Zelanda. Eventos de Nueva Zelanda e internacionales para CE-5 y modalidades relacionadas. https://www.ce5.nz/
- JCETI Japan - Centro Japonés de Inteligencia Extraterrestre dirigido por Greg Sullivan. En japonés: http://www.jceti.org/, en inglés: http://www.ce5-japan.com
- Daryl Anka - Canalizador de una entidad ET llamada Bashar. http://www.bashar.org/
- Tom Kenyon - Channeller of a group of ET called the Hathors. http://tomkenyon.com/
- Dr. Edgar Mitchell – Un astronauta que comenzó FREE (siglas en inglés para: Fundación para la Investigación de Encuentros Extraterrestres). http://www.experiencer.org/
- Richard Dolan - Considerado por muchos como el principal autor y orador sobre el tema OVNI hoy. https://www.richarddolanpress.com/
- Samoiya Shelley Yates – Canadiense del este de Canadá quien tuvo una experiencia cercana a la muerte donde conoció a extraterrestres que le dijeron cómo salvar milagrosamente la vida de su hijo y ayudar a anclar el planeta en un momento crítico al facilitar meditaciones grupales que reunían a millones de personas. https://www.youtube.com/watch?v=KHGyu_AXNWg&t=6
- Grant Cameron - Investigador OVNI canadiense de alta velocidad. Interesante, inteligente y entretenido. http://www.presidentialufo.com/
- Michael Schratt - Operaciones negras, naves espaciales militares (ARVs) y OVNIs. https://www.youtube.com/watch?time_continue=3&v=b-uufP375zE (9 mins) https://www.youtube.com/watch?v=pFWza6LTMrY (1.5 hours)

Documentales y Otros Medios
- *Unacknowledged* (2017) El primer documental para ver. Un curso introductorio al encubrimiento OVNI (En Netflix).
- *Sirius* (2012) Aunque producido antes, ve este en segundo lugar. Incluye CE-5 y estudio genético de un cuerpo ET momificado. https://www.youtube.com/watch?v=5C_-HLD21hA
- *Contact Has Begun: A True Story with James Gilliland* (2008) https://www.youtube.com/watch?v=IJPXrBPrbUg
- *CSETI Working Group Training Materials* https://siriusdisclosure.com/wp-content/uploads/2012/12/WorkingGroupManual.pdf
- **TODO ES ENERGIA**
Gustavo, miembro de nuestro grupo Calgary CE-5, tiene un grupo de Facebook de habla hispana en el que divulga todo tipo de información sobre la conexión del cuerpo, la mente y el alma, incluyendo: despertar, conspiraciones, yoga, extraterrestres, Reiki, curación pránica, cristales, tarot, meditaciones, visión remota, proyección astral, sueños lúcidos, energía, mecánica física y cuántica y acupuntura. Busca en Facebook con el nombre del grupo para encontrarlo y unirte. https://www.facebook.com/groups/838503992965283/

GLOSARIO DE TÉRMINOS

A
actualización: Energía destinada a sanar o cambiar a alguien en una dirección positiva
agente de desinformación: Un mentiroso que acepta dinero para difundir falsedades y engañar a las personas
alienígenas: Seres que no son de "aquí"
antiguas escuelas de misterio: Organizaciones que sostienen y protegen las enseñanzas sagradas
Arcturianos: Pequeños seres avanzados de color azul verdoso con tres dedos y ojos en forma de almendra
ARV: Siglas en inglés de Alien Reproduced Vehicles para "Vehículos Alienígenas Replicados". Naves fabricadas por humanos, con ingeniería inversa a partir de OVNIs accidentados
ascensión: Evolución espiritual
aurora (boreal): Encantador despliegue de luz natural que ocurre cerca de los polos
aviador bajo: Un OVNI de bajo vuelo

B
bio-descanso: Un descanso en los procedimientos de la tarde para atender las necesidades biológicas humanas
bloqueo: Cuando señalas una nave con un puntero láser o foco, y ellos te devuelven la señal
bombilla: Un pequeño flash en el cielo como el flash de una cámara, como una estrella que aparece y desaparece rápidamente

C
caminante lento: Término del NORAD para un avión
caminante rápido: Término del NORAD para un satélite rápido, un misil o un OVNI rápido
canalización: Cuando alguien transmite la comunicación de otro ser (ET o no físico)
CE-1: Encuentro cercano del primer tipo (ver una nave ET a menos de 150 metros)
CE-2: Encuentro cercano del segundo tipo (evidencia física de un aterrizaje o nave)
CE-3: Encuentro cercano del tercer tipo (ver un ser)
CE-4: Encuentro cercano del cuarto tipo (interacción con seres/encuentros surrealistas/secuestro)
CE-5: Encuentro cercano del quinto tipo (comunicación iniciada por humanos con ETs)
celestial: Del cielo
cenit: La parte del cielo directamente arriba de ti
chakras: Centros de energía en el cuerpo que suben por la columna vertebral hasta la cabeza
chakra corazón: Centro de energía en el corazón
chakra corona: Centro de energía situado en la parte superior de la cabeza
chakra garganta: Centro de energía en tu garganta
chakra del plexo solar: Centro de energía en la parte superior del abdomen sobre el ombligo
chakra del tercer ojo: Centro de energía justo arriba de los ojos y entre las cejas
chakra raíz: Centro de energía en el cuerpo en la base de la columna vertebral/piso de la pelvis/genitales
chakra sacro: Centro de energía en la parte inferior del abdomen debajo del ombligo
cielo distorsionado: Aspecto anómalo de una porción del cielo (como olas de calor, brillantes, más oscuras)
círculo de cosecha: Patrones geométricos en campos de cosecha, donde las plantas presentan nodos anómalos y con otra forma diferente a la original
clariaudiencia: Escuchar algo más allá de la capacidad sensorial normal
clarigustación: Probar algo más allá de la capacidad sensorial normal
clariolfato: Oler algo más allá de la capacidad sensorial normal

clarisentencia: Sentir o tener sensaciones no físicas o energía en el cuerpo
clarividencia: Ver algo más allá de la capacidad sensorial normal
Complejo Militar Industrial (Military Industrial Complex): Brazo incontrolable e irresponsable del gobierno de los EE. UU.
comunicación externa: Información recibida de otros seres que se da en la realidad 3D
comunicación interna: Información recibida de otros seres que ocurre internamente
consciencia: Amor. O conocimiento consciente. O expansión. O Dios. O...
consciencia brahmánica: Un estado mental igual al de la divinidad encarnada
consciencia cósmica: La consciencia colectiva del universo mismo
consciencia de la Mente Unificada: La consciencia colectiva, la mente en la que todos somos uno, etc.
Consejo Interplanetario: Una asamblea de embajadores ET que proporcionan gobernanza y legislación
cosmos: El universo, especialmente uno armonioso y bien ordenado
CSETI: Siglas en inglés de Center for the Study of Extraterrestrial Intelligence para "Centro para el Estudio de Inteligencia Extraterrestre", fundado por el Dr. Steven Greer
cuenco: Un instrumento musical tibetano que promueve la meditación profunda y la relajación
cuerpo astral o cuerpo de luz: Una parte de ti que es energía y que puede viajar independientemente de tu cuerpo físico

D
denunciante: Alguien que cuenta los secretos de actividades ilegales de personas u organizaciones nefastas
descarga: Energía o información traída a tu conocimiento consciente o cuerpo físico
descarga de energía: Energía destinada a sanar, potenciar o actualizar
destello: Resplandor pequeño en el cielo como el que emite un flash, como una estrella que aparece y desaparece rápidamente
destello de iridio: Satélites que solían captar momentáneamente el reflejo del sol y brillaban intensamente
destello móvil: Resplandor esférico o brillo que aparece alrededor de una estrella, raya, satélite o nave
didgeridoo: Un instrumento de viento musical australiano hecho de una rama hueca
dimensiones: Diferentes realidades/mundos, se pueden clasificar como 3D, 4D, 5D, etc.
divulgación: Cuando se revela la verdad sobre ETs
dron: Un vehículo aéreo controlado remotamente por un humano en el suelo

E
ECETI: Siglas en inglés de Enlightened Contact with Extraterrestrial Intelligence para "Contacto Iluminado con Inteligencia Extraterrestre" - el grupo de buscadores de James Gilliland
edad de oro: Era futura en la Tierra con características utópicas
embajador: Un representante de un grupo
emisario: Alguien enviado a una misión especial, generalmente como representante diplomático
energía: Poder de movimiento o pulsación invisible, aquello de lo que estamos hechos, la manera en que funciona la vida
energía libre: La capacidad de capturar la energía infinita que nos rodea
energía pránica: Energía universal, fuerza vital, energía cósmica
entidades negativas: Seres molestos, aterradores e irritantes, pero en última instancia frívolos fantasmas, espíritus o energía
entonación: Hacer que una vocal suene durante un período prolongado de tiempo
estación espacial en los anillos de Saturno: Una estación espacial que se supone estar ubicada en los anillos de Saturno
Estación Espacial Internacional (International Space Station): Una estación de investigación en órbita espacial tripulada

estado cerebral theta: Cuando las frecuencias de las ondas cerebrales son lentas, en meditación, relajación o sueño
estado hipnogógico: El estado de transición del ser mientras se duerme o se despierta
ET: Extraterrestre
ET Let's Talk: Red social para personas entusiasmadas con CE-5
expansión: Descripción de la toma de consciencia sobre la verdadera naturaleza de uno mismo
experiencia fuera del cuerpo (Out of Body Experience): Evento consciente de cuando tu espíritu viaja fuera de tu cuerpo
extraterrestre: Un ser que no se origina en la Tierra

F
familia estelar: Otro término para extraterrestres, que también se refiere a un posible linaje ancestral compartido
frecuencia: La velocidad a la que se mueven nuestras partes elementales, donde vibraciones altas = amor, vibraciones bajas = miedo
FREE: Siglas en inglés de Foundation for Research into Extraterrestrial and Extraordinary Encounters para la "Fundación para la Investigación de Encuentros Extraterrestres y Extraordinarios" del Dr. Edgar Mitchell
Fuente: Otro nombre para Dios, Creador, El Universo, Piscina Brillante del Infinito, etc.
fusión: Mezcla consensual con otro ser

G
gaia: Nombre personificado que describe a nuestro planeta vivo
Gran Espíritu: Término indígena para una fuerza espiritual universal (Creador, Dios, etc.)

H
Hathors: Seres avanzados, humanoides, maestros del sonido, con abanicos delicados como oídos
híbrido: Un ser que es parte humano y parte otro ser
hiper-salto: Viajar más rápido que la luz

I
Iniciativa Global CE-5, La: Un movimiento que facilita mensualmente CE-5s unificados a nivel global
Interacción: Cuando señalas una nave con un puntero láser o foco, y ellos te devuelven la señal
interdimensional: Tener la capacidad de moverse entre mundos/realidades/dimensiones
interestelar: "Entre estrellas", que a menudo se usa para denotar un vasto espacio y viajar a través de él

L
ley de la atracción: Un principio por el cual los sentimientos (vibración) y el pensamiento crean manifestaciones
ley universal: Estructura básica de cómo funciona la vida (por ejemplo: todos somos uno, lo que das se te regresa)
luz anómala: Una luz que se comporta de una manera que no puede explicarse convencionalmente

M
maestros ascendidos: Seres que han alcanzado la iluminación
manifestación: El resultado final de la creación a través del pensamiento, la palabra y la acción
mantra: Algo que dices una y otra vez para ayudarte a meditar o concentrarte
mecánica cuántica: Teoría de la física del comportamiento de partículas muy pequeñas
meditación: Entrenar la mente para enfocarse, conectarse a la conciencia de la Mente Unificada
meditación trascendental (Transcendental Meditation): Una técnica de meditación creada por Maharishi Mahesh Yogi

merkabah: Un vehículo divino de luz hecho con intención usando geometría sagrada
multidimensional: Seres que pueden moverse entre dimensiones

N

namaste: "Lo divino en mí saluda a lo divino en ti"
nave espacial militar: Naves fabricadas por humanos con ingeniería inversa a partir de OVNIS accidentados
NORAD: Siglas en inglés de North American Aerospace Defense Command para "Comando de Defensa Aeroespacial de América del Norte"
Nórdicos: Seres avanzados similares en forma y apariencia a los humanos caucásicos
Nuevo Orden Mundial: Un sistema totalitario opresivo que el cabal no ha podido implementar

O

observación del cielo: Mirar con atención los cielos en busca de algo, como los OVNIs
OCSETI: Siglas en inglés de Okanagan Centre for the Study of Extraterrestrial Intelligence para "Centro de Okanagan para el Estudio de Inteligencia Extraterrestre"
Om: Un mantra sagrado en el hinduismo y el budismo tibetano que significa "el sonido del universo"
operaciones negras: Proyectos militares que absorben cantidades obscenas de dólares de impuestos
orientación: Comprender tu posición en una ubicación (para CE-5, tu ubicación debajo de los cielos)
orbe: Esfera móvil de energía y/o luz, que se presenta en muchos tamaños y colores
órbita geoestacionaria: En sincronía con la Tierra (para los observadores debajo del objeto, éste no tiene movimiento)
OVNI: Objeto volador no identificado

P

Pausa biológica o bio-descanso: Un descanso en los procedimientos para atender las necesidades biológicas humanas
People's Disclosure Movement, The: "Movimiento de Divulgación de la Gente" Una organización que promueve la divulgación por parte de la gente
Pleyadianos: Seres avanzados similares a los humanos caucásicos en forma y apariencia
protocolo: Forma establecida de ejecutar una tarea
Proyecto de divulgación, El: Campaña de CSETI que reveló información sobre ETs al público
puja: Canción u oración sánscrita

R

Rancho, El: Apodo de ECETI
realidad paralela: Un mundo o mundos posibles que coexisten por separado del nuestro
refracción atmosférica: Centelleo de estrellas cerca del horizonte debido a capas de aire turbulento
Rejilla de Becker-Hagens: Rejilla que recubre la tierra, donde convergen puntos de energía especiales
Reserva Federal: Corporación privada que ha ideado una forma autorizada de robar tu dinero
reunificación con la fuente: Teoría de que todas las partes separadas del universo se unirán
rompimiento de nubes: Tratar de dar forma o mover nubes con intención

S

seres angelicales: Seres celestiales/espirituales/como un ángel
seres aviares: Seres avanzados altos, de plumas azules, aviares y humanoides
seres celestiales: Seres de otras realidades como espíritus, ángeles, maestros ascendidos
seres de las estrellas: Seres que provienen de las estrellas
seres león: Seres avanzados de características felinas y humanoides
seres no físicos: Espíritus, fantasmas, entidades, etc. Cualquier ser que no tenga un cuerpo físico
sincronicidad: No solo coincidencia, si no una alineación universal de las circunstancias

Glosario

sondas: Pequeñas luces que visitan de cerca al grupo y que pueden estar recopilando información
sueño lúcido: Saber que estás soñando, mientras estás soñando
supuesto meteorito alias 'raya': Una estrella fugaz que podría ser un OVNI
supuesto satélite: Un satélite que podría ser un OVNI
supuesta estrella: Una estrella con características anómalas que podría ser un OVNI

T
telepatía/comunicación telepática: Uso de la mente para comunicarse/recibir información
Telescopio Hubble: Uno de los telescopios más grandes y versátiles lanzados al espacio
telómeros: Tapas protectoras de ADN al final de los cromosomas
tonos de círculos de las cosechas: Sonidos anómalos grabados en un círculo de cosecha
trabajo de campo: Trabajo CE-5 realizado en exteriores, en la naturaleza
transdimensional: Capacidad de moverse entre dimensiones

U
UAP: Siglas en inglés de Unidentified Aerial Phenomena para "fenómenos aéreos no identificados"
universal: El alfa y omega, todo, todo lo que existe

V
Vía Láctea: Flujo de estrellas en una banda a través del cielo, solo visible en áreas muy oscuras
vibración: La velocidad a la que se mueven nuestras partes elementales, donde las vibraciones altas = amor, y las vibraciones bajas = miedo
visión remota: Técnica usada por los militares que recopila información accediendo a la mente unificada
Volador de baja altura: Un OVNI de bajo vuelo
vórtice/vórtices: Ubicaciones especiales de energía elevada o una masa de energía en remolino

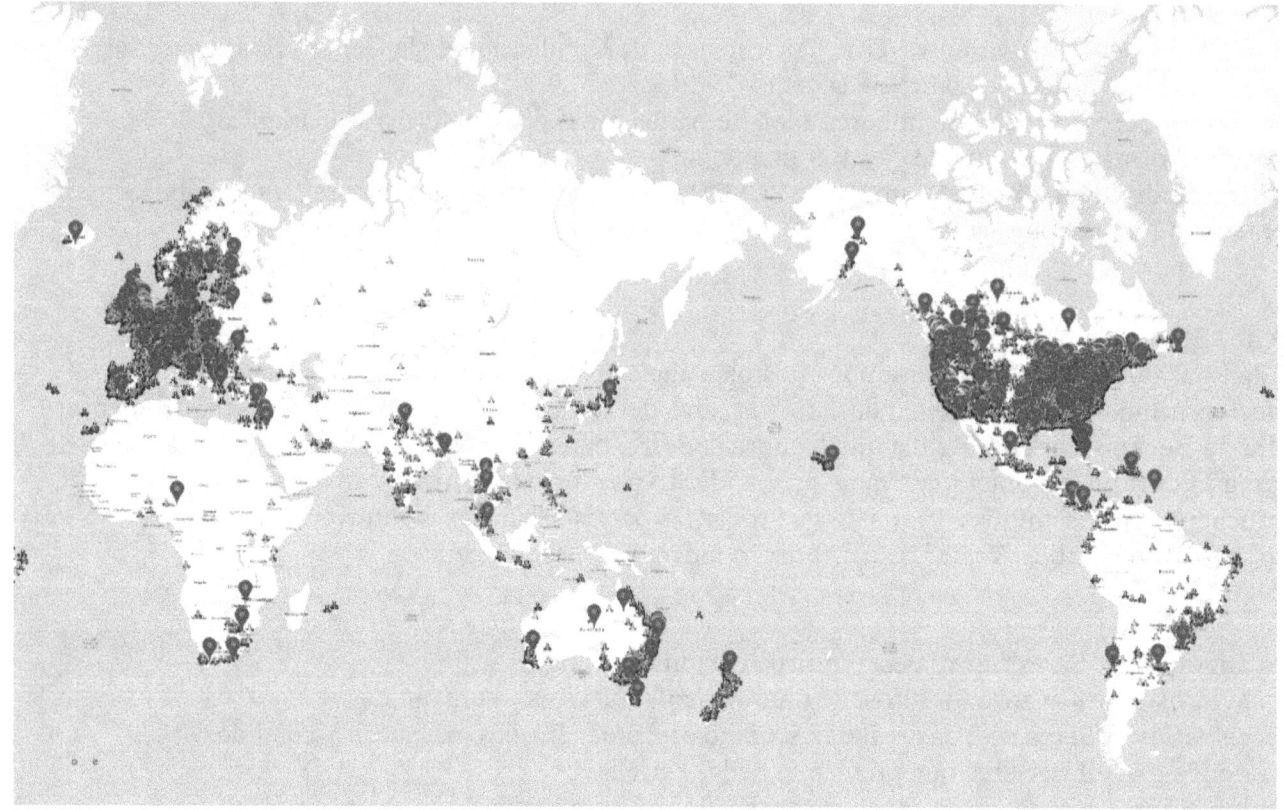

Miembros registrados de las dos principales redes CE-5

ÍNDICE

abducciones 101 - 102
Abuelita Kiesha 78
actualización (energética) 50, 51
advertencias 58, 106
agendas, ejemplos de 96 - 99
agente de desinformación 112
agitación inquieta incontrolable 56
agradecimiento **15**, 32, 76, 96, 98
alcohol 21, 99
Amenazas Conjuntas 113
América Latina 124
amor 9, 12, **16**, 18, 50, 55, 56, 63, 64, 65, 66, 67, 69, 72, 76, 77, 84, 85, 89, 93, 94, 96, 97, 98, 99, 101, 109, 112, 114
Anael 95
Anillos de Saturno 70, 87
Anonymous 107
ansiedad 100
apps 22, 34, 35, 37, **42 - 43**, 50, 52, 58, 87, 97
apreciación **15**, 59, 67, 69, 71
Apunianos 68
Arcturianos 68, 128
astronomía 8, 27, **34 - 35**, 96
avistamientos con múltiples testigos 6, 8, 10, 49
avistamientos de nivel de novato 57
avistamiento en seis salidas 10, 32, **103**
avistamiento innegable 10, 52, 54
banderas falsas **106**, 107, 113
Barbara Marciniak **90**, 106, 126
Bashar 91, 95, 107, 112, 127
basura espacial 52
Bill Brockbrader 107
Billy Fingers 100
binoculares 20, 39
Bradfield 95
brújula 34, 41, 43, 45
C# 95
cámara infrarroja 46
cámaras 47, 53
cambios climáticos 45, 56, 97
cambios de presión 56
cambios de temperatura 45, 56
Canadá 21, 29, 40, 68, 107, 108, 114, 125
canalización 51, 58, 90, 95, 96, 97, 99, 100, 101, 102
Carol Rosin 106
CE-1, CE-2, CE-3, CE-4, CE-5 6
CE-5, definición de: 6
cielo distorsionado 53
chakra corazón 70, 71, 74, 76, 78, 79, 82, 88, 89
chakra corona 62, 74, 76, 79
chakra del plexo solar 74, 76, 78
chakra del tercer ojo 74, 76, 79
chakra raíz 74, 76, 78
chakra sacro 74, 76, 78
chakras 22, 51, 62, 70, 74 - 76
chamán 8, 21, 55
ciencia 22, 26, 44, 51, 61, 96
clariaudiencia 50
clarigustación 50
clariolfato 50
clarisentencia 50
clarividencia 50
coherencia 14, **18**, 19, 29, 61, 94
cohesión 14, **18**, 19, 20
Complejo Militar Industrial 101, 106, 107
Comunicación bio-electromagnética **88 - 89**, 98
comunicación externa 6, 22, 44, 45, **52 - 57**
comunicación interna 10, **50 - 51**, 64, 103
consciencia 7, 8, 9, 11, 12, 14, 15, 17, 21, 22, 32, 58, 61, 62, 63, 64, 65, 66, 72, 73, 77, 86, 88, 89, 91, 92, 93, 96, 108, 110, 116, 124, 126, 127
conexión a la consciencia de la mente unificada 11, 12, 22, 32, 58, 96, 103
conocer a un ser 55, **68 - 69**, 87
constelaciones 34, 35, 41, 42, 56, 96, 99, 114
Contador Gamma Scout Geiger 44, 45
Contador Geiger 44, 45
convivencia 19, 29
creencia 14, **22**, 57
CSETI 8, 11, 41, 43, 97, 124, 127
cuencos 20, 39, 91, 96
curación, sanación 13, 50, 51, 64, **76**, 77, 78, 80, 81, 91, 94, 99, 101, 106, 112, 127
Daniel Pomerleau 108
Darryl Anka 95, 107, 108, 112, 127
Deb Warren 44, 45, 47, 53, 70, **125**
depresión 58, 100
descarga de energía 50, 51, 74, 75, 98
destello 10, **53**, 54, 57, 114
Destello Iridium **42**, 52
destello móvil 13, 48, 52, **53**, 54
detector de radar 45
detector de radar portátil 45
detector de rayos portátil 45
didgeridoo 39, 91, 96
Disclosure Project, The 124
dispositivos de visión nocturna 39, 46, 53
divulgación 8, 22, 67, 95, 102, **107**, 108, 109, 110, 111, 124, 125
documentación 13, 20, **46**
dolores corporales, vibración o agitación del cuerpo 56
Don Daniels 72, 126
drogas 21, 99
drones 54
ECETI 28, 48, 49, 53, 77, 99, **125**, 127
Edgar Mitchell 86, 127
Edward Snowden 107, 108
Efecto Maharishi 61
ego, trampa espiritual del 100
elementos clave **11**, 12, 13, 22, 32, 96, 103, 116
elevar tu vibración 14, **15**, 16, 17, 19, 94, 108
embajador 21, 63, 89, 110, 124, 129
encuentros cercanos del quinto tipo 6
energía libre 7, 13, 67, **108**, 113, 124
enlace 41, 98
enojo 100
Enrique Villanueva 124
entidades energéticas 9, 14, 77, 101
entidades / influencias negativas 21, 76, 77, **101**
entonar 90, 91, **94**, 96, 98, 99
escáner de radar 45, 103
escepticismo 6, 22, **26**, 64, 100, 106, 110, 126
España 124
espíritus 9, 77, 97, 98, 101
Estación Espacial Galáctica 68
Estación Espacial en los Anillos de Saturno 70, 71, 87
Estación Espacial Internacional 42, 43, 52, 56, 87
estado de ondas cerebrales alfa 50
Estados Unidos 6, 8, 28, 106, 107, 124, 125
estrellas 15, 34, 35, 41, 42, 47, 53, 56, 84, 96, 99, 114
ET Contact Tool 22, 43, 58
ET Let's Talk 27, 28, 29, 99, 103, 110, 111, 125, 126
ETs negativos 21, **100 - 102**
equipo 8, 20, 29, 30, 32, 33, **38 – 49**, 53, 98
Eva Moore 107
experiencias fuera del cuerpo 98
Facebook, redes en 27
Fire the Grid 95
FREE 86, 127
fusionarse 51, 98
grabación 46, 48, 53, 106

Índice

grabadora de sonido   20, 43
grabadora de voz   37
Grant Cameron   126, 127
Grises   68
Habilidad Psíquica   43, 50, 51, 86
Hathors   68, **69**, 100, 126, 127
helicópteros   54
hierba dulce   **76**, 101
Hollis Polk   80, 84, 125, 126
Hynek, J. Allen   6, 27
Im Nah Mah   92
India   27, 92
infrarrojo   40, 41, 46, 47, 53
Iniciativa Global CE-5, La   64, **110**, 125
Instituto Monroe   86, 91
intención   7, **11**, 13, 18, 22, 32, 51, 57 - 59, 68, 72, 74, 75, 77, 86, 88 - 90, 94, 96 – 98, 103
intención clara   11, 12, **13**, 22, 32, 96, 103
intención del grupo   18, 20, 32
interacción   41
Islandia   109
James Gilliland   21, 28, 77, 99, 101, 103, **125**, 126, 127, 129
Japón   19, 20, 28, 48, 49, 124, 125, 127
John Hagelin   60, 61
Joshua Tree   28, 47, 92, 95
Kosta Makreas   8, 10, 29, 54, 64, 99, 110, 111, **125,** 126
Krishna   92
liderazgo   11, **20 – 21**, 29, 57
limpieza   **76**, 77, 78, 101, 102
lista de qué llevar   32, 33
lluvia de meteoritos   10, 52
locaciones remotas   30, 33
Luces del Norte   56
Lyssa Royal Holt   14, 28, **97**, 100, 124, 126
maestros ascendidos   92
magnetómetro   43, 44
manejando un grupo   29
Mantra Gayatri   93, 97
Mantra Moola   93
mantras   22, 59, 70, 71, 87, 91, 92, 93, 97
Mark Koprowski   20, **125**
medidor EMF   44
meditación   10, 12, 13, 15, 20, 29, 32, 33, 39, 43, 47, 50, 55, 56, **58 – 85**, 87, 88, 91, 92, 93, 94, 95, 96, 97, 98, 99, 126, 127, 129
meditación grupal   13, **60 – 61**
meditación trascendental   13
meditaciones dominicales   61
merkabah   70
miedo   16, 26, 27, 55, 57, 64, 68, 69, 76, 99, **100 - 102**, 106, 108, 109

Monte Adams   28, 48, 125
Monte Shasta   10, 28, 48, 52, 54, 124
música   59, **90 - 91**, 98
naves espaciales militares   54
Neale Donald Walsch   16, 22, 126
negatividad   18, 26, 65, 72, 76, 77, 113
Nórdicos   68
Nueva Zelanda   28, 74, 88, 127
OCSETI   125
Omnec Onec   91, 126
ondas cerebrales theta, estado de   15, 50, 59, 99
Operación Paperclip   106
orbe   10, 30, 39, 47, 48, **53**, 55, 57
órbita geoestacionaria   70, 71
orientación   **34 – 36**, 96, 97, 99
paradoja   22, 109
Paul Hellyer   68
People's Disclosure Movement, The   8, **110 - 111**, 125
percepción de la realidad   14, 15, 57
platillos   54
Pléyades   10
Pleyadianos   68
preferencia vs. necesidad   15, 108, 109
Protocolo Alienígena 99
Proyecto Looking Glass   107
proyector holográfico   41
puja   91, **92 - 93**, 96, 97
puja del Gurú Isha Yoga   92
puntero láser   8, 20, 33, **40 - 41**, 97, 103, 114
Rahma   8, 28, 124
raya / estrella fugaz   37, 49, **52**, 114
realidad   9, 14, 15, 19, 22, 26, 39, 57, 65, 66, 100, 102, 106, 108, 109, 110, 112
realidad 3D   9
refracción   53, 56
refracción atmosférica   53, 56
registro/grabación de avistamientos   46 -47
Reino Unido   8
Reptilianos   68
Reserva Federal   109
retiros   10, **28**, 29, 52, 54, 99, 124, 125
Richard Dolan   107, 126, 127
ritmos binaurales   59, 95, 99
Robert Bingham   98
Rusia   107
Sai Baba   92
salvia   **76**, 92, 97, 99, 101
sanación, curación   13, 50, 51, 64, **76**, 77, 78, 80, 81, 91, 94, 99, 101, 106, 112, 127
sánscrito   92
satélites   42, 43, 52, 108

Secuencia de Pensamiento Coherente   96 - 98
seres Aviares   68
seres celestiales   **9**, 75, 88, 98
Seres ET, encontrarte con   50, **55, 68 - 69**, 70, 73, 87
seres Felinos   68
Shelley Yates   91, 95, 112, **127**
Sistema de Clasificación Hynek de Encuentros Cercanos   6
Seth   100
Sirius Disclosure   28, 29, 124, 126
Sixto Paz Wells   8, 28, 58, 99, **124**
solución de problemas   100
sondas   53
sonido   59, 90, 91, 94
Steven Greer   8, 14, 62, 86, 92, 96, 97, 106, 111, **124**, 125, 126
sueños   13, 32, **50**, 64, 98, 127
sueños lúcidos   50, 64, 127
supuestas estrellas   **53**
supuestos meteoritos   10, **52**
supuestos satélites   10, 13, 37, 41, 49, **52**
tarareo   91, **94**, 99
Telescopio Hubble   42, 43, 56
telepatía   8, 54, 55, 58, 64, 68, 70, 73, 98, 111
telequinesis   88
termómetro   45
termómetro para exteriores   45
tolerancia   19, 22, 100, 106
Tom Kenyon   91, 126, 127
tonos de círculos de cosecha   8, 22, 39, 43, 97
toroide   74, 75, 88, 89
trabajo de campo   13, 19, 20, 37, 41, 43, 45, 96, 99, 116
trabajo en equipo   18, 20
trampas de miel   113
universo paralelo   108, 109
Vehículos Alienígenas Replicados   54, 133
vello erizado   56
Vía Láctea   43, 56, 81, 114
vibración   **14**, 15, 16, 17, 18, 21, 22, 26, 51, 54, 57, 64, 66, 76, 77, 90, 94, 99, 100, 102, 112
víctimas falsas, publicaciones de blog de   113
visión remota   8, **86 - 87**, 98, 99, 127
volador de baja altura   53
vórtices   22, 30, 75, 81, 88
Werner Von Braun   106

www.ingramcontent.com/pod-product-compliance
Lightning Source LLC
Chambersburg PA
CBHW081413070526
44583CB00020B/2789